Gustav Ineichen

Kleine altfranzösische Grammatik

Laut- und Formenlehre

ERICH SCHMIDT VERLAG

CIP-Kurztitelaufnahme der Deutschen Bibliothek

Ineichen, Gustav:
Kleine altfranzösische Grammatik : Laut- u. Formenlehre / Gustav Ineichen. — 2., überarb. u. erw. Aufl. — Berlin : Erich Schmidt, 1985.

1. Aufl. u.d.T.: Ineichen, Gustav: Repetitorium der altfranzösischen Lautlehre

ISBN 3-503-02227-9

2., überarbeitete und erweiterte Auflage des Titels ‚Repetitorium der altfranzösischen Lautlehre'

ISBN 3 503 02227 9, 2. Auflage
(ISBN 3 503 00517 X, 1. Auflage)

2., überarbeitete und erweiterte Auflage, Berlin 1985

Druck: Vereinigte Druckereien Chmielorz & A. W. Hayn's Erben, Berlin 44
Printed in Germany

Vorwort

Vom Benutzer dieser Grammatik wird erwartet, daß er Grundkenntnisse in Sprachwissenschaft besitzt. Beim heutigen Stand der Dinge genügt die simple Beschäftigung mit dem Altfranzösischen z. B. in der limitierten Konzeption des Mittelalters als „Sprache und Literatur“ nicht mehr, um über die Sprache und deren Funktion in dem hier angesprochenen Zeitraum sinnvoll und gegebenenfalls thematisch übergreifend zu reden. Die linguistisch fundierte Beschäftigung mit dem Altfranzösischen verfolgt zunächst allerdings nur den Zweck, Einsichten in die strukturellen Zusammenhänge des Sprachsystems zu bieten. Dabei kommt es weniger auf partikularistische Fakten, sondern vielmehr darauf an, das Funktionieren des Systems in seinen Grundzügen zu begreifen.

Damit ist gleichzeitig gesagt, daß man den Umgang mit dem Material und die weitere Beurteilung von Wörtern in ihrer eigenen Struktur nicht in der Grammatik, sondern im Lexikon zu suchen hat. Was nicht in der Grammatik steht, steht im Lexikon, und umgekehrt. Das Französische ist in dieser Hinsicht ausgesprochen privilegiert. Als Standard für das Lexikon gilt das Französische Etymologische Wörterbuch (FEW) von Walther von Wartburg.

Als Altfranzösisch bezeichnen wir hier die literarisierten Schriftsprachen des 12. und 13. Jahrhunderts, soweit sie unter dem Einfluß des Franzischen standen. In Frage kommen dabei insbesondere jene Überlieferungen, die zunächst franko-normannisch, dann franko-champagnisch oder franko-pikardisch und schließlich altfranzösisch schlechthin sind. Ältere Formen der Schriftsprachenbildung gelten unter diesem Gesichtspunkt als vorfranzisch.

Nach dieser Darstellung gehört das Altfranzösische zu den Sprachen der Romania continua, obwohl es schon in vormittelalterlichen Phasen doch „französisch“ war. Die Umstrukturierung zum Neufranzösischen, in deren Verlauf das Französische seinen typologischen Standort innerhalb des Romanischen eigenwillig wechselte, ist deshalb ein Problem für sich. Der hier vertretene Standpunkt ist vorwiegend synchron; auf Entwicklungstendenzen und Alternativen verweisen wir nur gelegentlich. Das Hauptgewicht liegt auf der Darstellung des Verbal- und des Nominalkomplexes.

In gleicher Weise betrachten wir auch das Lateinische hier nicht als eine Basissprache, die eine bestimmte Entwicklung mitgemacht hat, sondern als Metasprache, mit deren Hilfe ein geeignetes Tertium comparationis für die Beschreibung hergestellt wird. Dabei wurden alle auftretenden Positionen, soweit sie relevant sind, durchgerechnet. In dieser Darstellung ist das Altfranzösische deshalb ein Konstrukt, dessen Formen von Fall zu Fall mit der Realität der Überlieferungen konfrontiert werden müssen. (Man nehme als Beispiel die Handhabung der Zweikasusdeklination.) Es besteht also hier zwischen Linguistik und Philologie ein wichtiger Unterschied.

Nach dem Gesagten wird der Leser feststellen, daß sich die Grundkonzeption, wie wir sie da und dort vertreten haben, nicht verändert hat. Das hier vorgelegte Kapitel über die Lautlehre entspricht mit wenigen Veränderungen der Fassung unseres „Repetitoriums der altfranzösischen Lautlehre" von 1968. Die seinerzeitigen Rezensionen dürften dies rechtfertigen, obwohl es in einigen Bereichen mittlerweile andere Darstellungsversuche gibt. Wichtiger schien uns die Erhaltung der Kohärenz, und zwar besonders im Hinblick auf die Gestaltung der Morphologie, die sich in diesen Parametern darstellen läßt. Es bleibt damit bei einer vorwiegend strukturalistischen Konzeption, auch wenn man heute den Strukturalismus nicht mehr ohne das Korrektiv der generativen Grammatiken vertreten kann.

Diese und andere Überlegungen führten dazu, daß die Morphologie, die wir möglichst ausführlich behandeln wollten, paradigmatisch, d. h. traditionell abgefaßt wurde, auch wenn das Spiel der Kombinatorik berücksichtigt ist. Es scheint in der Tat, daß die paradigmatische Morphologie gegenüber der kombinatorischen (item and arrangement) und der transformationellen (item and process) wieder an Bedeutung gewinnt. Dies scheint durch die typologische Linguistik bedingt zu sein, wo die Operator-Operand-Beziehung eine wichtige Rolle spielt, und vielleicht auch durch den Umstand, daß man die Morphologie von der Wortbildungslehre unterscheiden will. Die genannte Operator-Operand-Beziehung kann in diesem Zusammenhang nicht nur allgemein syntaktisch, sondern auch als Determination oder als Modifikation innerhalb von Syntagmen begriffen werden.

Die Morphologie geht von einem intuitiven Wortbegriff aus. Im flexionellen Bereich wird mit einer kanonischen Form gearbeitet, die aus Stamm und Endung besteht. Die Endung ist ein Element, das den Stamm modifiziert, d. h. mit bestimmten kategoriellen und subkategoriellen Eigenschaften ausstattet. Schließlich geht es — auch außerhalb des flexionellen Bereichs — darum, geeignete Inventare zu erstellen. In Betracht fallen jedoch nur paradigmatisch gegliederte Formen, und nicht isolierte (wie z. B. das Numerale).

Im Gegensatz zur Wortbildung gilt das Inventar der Morphologie als geschlossen. Für nicht selektiv grammatikalisierte Sprachen wie das Altfranzösische — und die mittelalterlichen Sprachen überhaupt — gilt dies erfahrungsgemäß nicht so ganz. Es besteht stattdessen eine gewisse Toleranzmarge an Variation. Man registriert einerseits sog. lautgerecht gebildete Formen und andererseits solche, die sich in strukturell vorgegebene Muster einpassen. Traditionell spricht man in diesem Fall von Analogie. Dies trifft insofern zu, als der strukturelle Zwang auf der Auswirkung von „Sprachkontakten" auf der Ebene des Systems beruht. In diesem Widerspruch spürt man manchmal das Spiel der Kräfte („drift"), das innerhalb von Regularitäten stattfindet, die mit der Anlage des Systems als solchem vorgegeben sind.

Alle Strukturen, die in dieser Grammatik dargestellt oder insinuiert werden, sind aus Verallgemeinerungen gewonnen, die auf Beobachtungen oder „statistischen" Wahrscheinlichkeiten beruhen. Durch eine übergeordnete Sprachtheorie sind sie nicht explizit gestützt. Auch ihr Anteil an der weiteren Organisation des Ausdrucks, ihr Einfluß z. B. auf die Möglichkeiten der Serialisierung, auf die Gegebenheiten der Deixis oder die Satzfunktionalität, sind nicht in Betracht gezogen worden. Ein Schritt in die Richtung auf eine Syntax, wie sie zur Zeit zu erwarten wäre, ist damit also noch nicht getan. Das kann sich in einer nächsten Auflage ändern.

Göttingen

Gustav Ineichen

Inhaltsverzeichnis

Formenlehre

Lautlehre

Die betonten Vokale

1. Das lateinische Vokalsystem

1.1 Das klassische Latein besaß fünf einfache Vokale und einen Restbestand von drei Diphthongen. Unabhängig von seiner Stellung in der Silbe war jeder Vokal quantitativ (d. h. nach Längen und Kürzen) unterschieden. Daraus ergaben sich Oppositionen wie MĂLUM : MĀLUM, VĔNIT : VĒNIT usw. Phonologisch bestanden dank dieser Quantitätsopposition zehn vokalische Kombinationsmöglichkeiten.

Monophthonge:	Ī̆	Ē̆	Ā̆	Ō̆	Ū̆
Diphthonge:	$\overline{OE}$	$\overline{AE}$	$\overline{AU}$		

Dieses System galt im Lateinischen grundsätzlich für alle Vokale. Im Romanischen dagegen wird der betonte Vokalismus vom unbetonten verschieden behandelt.

1.2 Diese Darstellung setzt folgende Begrifflichkeit voraus: Im Hinblick auf die Artikulationsstelle sind die Vokale entweder palatal ([i], [e]) oder velar ([u], [o]), wobei der palatale und der velare Teil des Systems in [a] zusammentrifft. Im Hinblick auf die Lippenstellung sind die Palatale nicht gerundet, die Velare gerundet; im Laufe der Entwicklung entstehen im Französischen auch gerundete Palatale ([ü], [ö]). Für das Verhalten der Vokale von Bedeutung ist die Tatsache, daß der palatalen Vokalreihe in der Mundhöhle mehr Raum zur Verfügung steht als der velaren. Der Symmetrie des Systems steht die Asymmetrie der Sprechorgane gegenüber.

Es kann ferner behauptet werden, daß [a] zwischen [i] als hellem Vokal (d.h. akustisch mit hoher Frequenz) und [u] als dunklem Vokal (mit

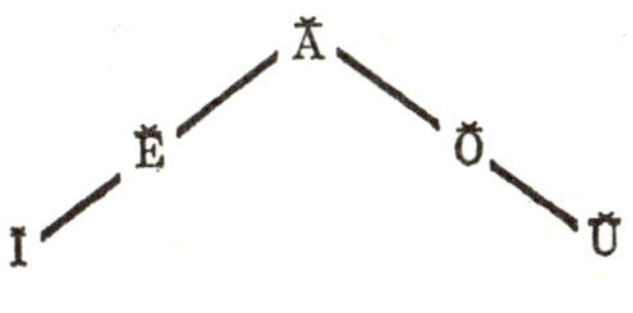

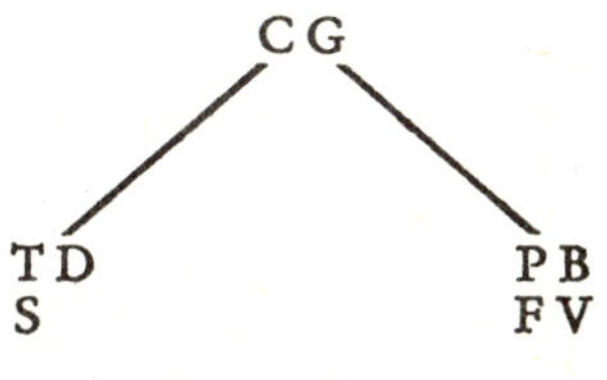

niedriger Frequenz) eine Mittelstellung einnimmt. Das Verhältnis der Ŏffnungsgrade des Mundes bei der Aussprache (Qualität) bedingt die Stufigkeit des Systems. Dabei kann angemerkt werden, daß bei entsprechender Berücksichtigung der Frequenzverhältnisse auch die Konsonanten in einem dem System des Vokalismus vergleichbaren Dreieck lokalisierbar sind (23.3). — Ŭber die Halbvokale i̯ und u̯ 23.1,2.

2. Der Wortakzent

2.1 Abgesehen vom Einfluß einiger Enklitika (-NE, -QUE, -VE), besaß jedes lateinische Wort einen nach prosodischen Kriterien festgelegten Akzent. Phonologisch war dieser jedoch nicht relevant. Während bei zweisilbigen Wörtern die erste Silbe den Ton trug, wurde bei mehrsilbigen die Betonung durch das Pänultimagesetz geregelt. War die zweitletzte Silbe (*natura* oder *positione*) lang, so trug sie den Akzent; war sie kurz, so fiel der Akzent auf die drittletzte.

Dieses Betonungsgesetz läßt sich anhand der lateinischen Metrik auch anders formulieren. Prosodisch hatte ein langer Vokal die Geltung von zwei kurzen. Als kleinste Einheit galt die More, und nicht die Silbe. Demnach fiel der Ton in mehrsilbigen Wörtern auf die vorletzte More vor der letzten Silbe. (Vergleiche CĔ́CĪ | DĪ und CĔCĬ́ | DĪ).

In den romanischen Sprachen bleibt die lateinische Betonung, die eine bestimmte Ordnung der Vokale im Wort jeweils festlegt (16.1), normalerweise erhalten. Zur Charakterisierung der Akzentverhältnisse mag angemerkt werden, daß auch das gewöhnliche Latein einen expiratorischen Akzent besaß, indes die klassische Dichtung (nach griechischem Vorbild) einen musikalischen Akzent vorauszusetzen scheint.

2.2 Abweichungen (im Hinblick auf das Französische): Im Sprachgebrauch des Vulgärlateins treten hier im Verhältnis zur Schriftsprache die folgenden Veränderungen auf:

(1) Der Nexus Muta cum liquida gilt in der Regel als positionsbildend.

Zur Silbenstruktur 29.2.

BR : COLŬ́BRA > *coluevre* (15.1)

TR : TONĬ́TRU > *toneire, tonoire*

DR : CATHĔ́DRA > *chaiere*

GR : INTĔ́GRU > *entir, entier*

(2) In Proparoxytonis verlieren I, E im Hiat den Ton und werden zu i̯.

MULĬ́ERE(M) → MULI̯Ĕ́RE > *moillier*

Ebenso: CAPRE̯Ŏ́LU > *chevrueil*, PARĬ́ETE → PARḖTE > *pareit*

(3) Die dritte Person Pluralis des Perfekts wird -ĔRŪNT gemessen. Es entstehen auf diese Weise im Sinne des altfranzösischen Paradigmas stammbetonte Formen.

FḖCĔRUNT > *fistrent* (10.1, 40.2)

(4) **Rekomposition:** Bei Verbalkomposita, die als solche noch empfunden wurden, stellt das Vulgärlateinische die Betonung auf der Stammsilbe wieder her.

CONTĬNET → CON · TĔ́NET > *contient*

PĔ́RDĬDĪ → PER · DĔ́DĪ > *perdi* (36.4)

Aber: CÓLLŎCAT > *colche, couche*, SḖPARAT > *seivre, soivre*

3. Der Vokalismus im Verhältnis zur Konsonanz

3.1 Im Rahmen des quantitativen Systems verfügte das Lateinische über vier Kombinationsmöglichkeiten von Längen und Kürzen, die unterschiedlich genutzt wurden.

(1)	RŎTA	:	Kurzvokal + Kurzkonsonant
(2)	GŬTTA	:	Kurzvokal + Langkonsonant
(3)	SŌLUS	:	Langvokal + Kurzkonsonant
(4)	STĒLLA	:	Langvokal + Langkonsonant

Im Zuge einer langwierigen Entwicklung wurden im Lateinischen durch Veränderung entweder der vokalischen oder der konsonantischen Quantität diese vier Korrelationen auf zwei zurückgeführt. Nach dieser „vulgärlateinischen" Regulierung, die für das Romanische maßgeblich wurde, verbindet sich der Kurzvokal mit einer Langkonsonanz oder umgekehrt der Langvokal mit einer Kurzkonsonanz.

3.2 Die „vulgärlateinische" Regulierung ist lateinisch bereits vorgebildet in der Opposition von Dubletten wie

CŬPPA : CŪPA = *cope* : *cuve*	|ọ| : |ü|	(4.1)
	|p| : |v|	(27.1)

Von der Frage nach der Ökonomie abgesehen erscheint als wesentliches Movens für diese Regulierung die expressive Längung der Konsonanz im Sinne z.B. von BŪCA→BŬCCA. Die expressive Längung, die in der ursprünglichen phonologischen Korrelation noch irrelevant war, behauptete sich und wurde im Zuge der Umgestaltung des Systems phonologisiert. Als Modell gelten nun die oben erwähnten Typen (2) und (3), und es besteht die Tendenz, die Typen (1) und (4) entsprechend umzustrukturieren. Die offene Tonsilbe wird dabei lang, die geschlossene kurz (5.1).

(1)	RŎTA > (*ruode*), *ruee*	Ŏ[	(6.1)
(2)	GŬTTA > *gote*, *goute*	Ŭ]	(9.1)
(3)	SŌLU > *soul*, *seul*	Ō[	(6.1)
(4)	*STĒ(L)LA > *esteile*, *estoile*	Ē[	(6.1)

4. Der Quantitätenkollaps

4.1 Die Vermischung der ursprünglichen Quantitätsoppositionen (1.1) mit Längen und Kürzen anderer Ordnung (3.2) führte zum Ersatz der Quantität als phonologischem Merkmal durch dasjenige der Qualität. Im Bereiche des Französischen weicht das dreistufige System des Lateins einem sogenannten vulgärlateinischen System, das sich schematisch wie folgt darstellen läßt:

Lt.	Ī	Ĭ	Ē	Ĕ	Ă	Ā	Ŏ	Ō	Ŭ	Ū	
	:		OE	AE			:			:	AU
	:	\	/	:	\	/	:	\	/	:	:
Vlt.	*i*	*ẹ*		*ę*	*a*		*ǫ*	*ọ*		*u*	*au*

Das vulgärlateinische System ist vierstufig nach Qualitäten unterschieden. Phonologisch relevant sind hier also die Öffnungsgrade; die Quantitäten dagegen sind entphonologisiert. Diese für das Romanische grundlegende Umstrukturierung des Vokalsystems bezeichnet man gewöhnlich als Quantitätenkollaps.

Eine Erklärung des Vorgangs dürfte zusätzlich feststellen, daß dem Lateinischen eine ausgesprochene Tendenz zur Vereinfachung der Diphthonge zu eigen war. Zwar konnte der Wandel OE > [ẹ̄] das System nicht beeinträchtigen; entscheidend aber war die einseitige Monophthongierung von AE > [ę̄], die das System in Bewegung brachte, weil sie die Quantitätenkorrelation veränderte und gleichzeitig entsprechende Qualitäten zusammenführte. Die Monophthongierung von AU dagegen vermochte sich im Lateinischen nicht durchzusetzen. (Vgl. jedoch CAUDA, in vulgärer Aussprache CỌDA > *coe, queue*.) Eine Anzahl von Fällen zeigt, daß die Eingliederung des neuen Phonems nicht einheitlich erfolgte, so z. B. PRAEDA → PRẸDA > *proie*, SAEPEM → SẸPE > *soif*, SAETA → SẸTA > *soie*.

4.2. Der Akzent: Der im Lateinischen gebundene Wortakzent bleibt im Romanischen normalerweise erhalten (2.1). Die betonten Vokale verhalten sich in ihrer Entwicklung anders als die unbetonten. Durch das Ausscheiden der Quantität wurde der Akzent im Romanischen auch phonologisch relevant. Doch wurde diese Relevanz durch die Entwicklung im Französischen wiederum aufgehoben.

5. Die Doppelung des Systems

5.1 Im Gegensatz zum Lateinischen bedingt die Stellung in offener Silbe im Französischen eine andere Entwicklung der Vokale als die Stellung in geschlossener Silbe (3.2). Die lateinischen Phoneme werden gespalten:

(1)	PÁ	TRE > *pere*	(2)	PÁR	TE > *part*	|e| : |a|
	FĔ́	RU > *fier*		FĔ́R	RU > *fer*	|ie| : |e|
	CŎ́	R·E > *cuer* (33.4)		CŎ́R	NU > *corn, cor*	|ue| : |o|
	usw.					

Mit anderen Worten: Die Vokale gelten in freier Stellung als lang, in gedeckter Stellung als kurz. Das System, auf dem die weitere Entwicklung im

Französischen beruht, ist doppelt. Mit Bezug auf das Vulgärlatein (4.1) gilt daher folgendes:

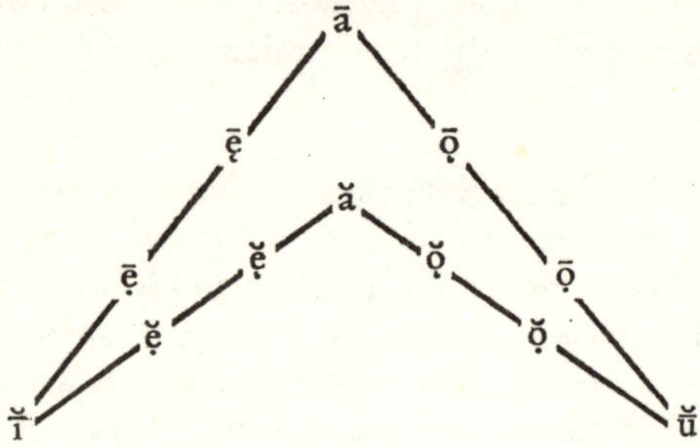

Zu beachten ist, daß die Phoneme |i| und |u| von der Differenzierung nicht betroffen werden. Ū wird in offener und geschlossener Silbe zu [ü] (9.2).

5.2 Zur Erklärung: Die Doppelung des Systems kann mit germanischen Sprachgewohnheiten in Zusammenhang gebracht werden (Akzentintensität der Superstratsprache). Linguistisch festzustellen sind die folgenden Veränderungen. Mit dem Quantitätenkollaps schied die Relevanz der Quantität zugunsten der Relevanz der Qualität aus. Phonetisch und für das System somit irrelevant konnten die verschiedenen Vokalqualitäten dabei kürzer oder länger realisiert werden. Die Innovation des Französischen besteht darin, daß mit der Qualität zu einem bestimmten Zeitpunkt nun auch die Quantität nach einer neuen Regulierung — offene/geschlossene Silbe — wiederum auftritt.

5.3 Inventar: Die im folgenden dargestellte Entwicklung führt im Altfranzösischen zu einer Umgruppierung im Rahmen des obigen Schemas. Es ergibt sich daraus das nachstehende System:

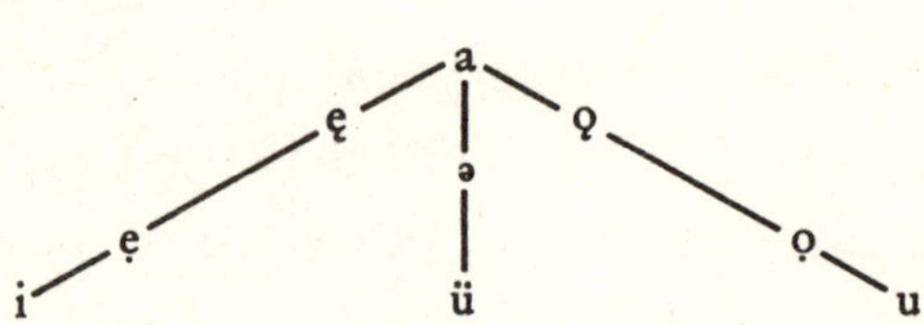

Dazu die jeweils entsprechenden Diphthonge, Triphthonge und Nasale.

6. Die Tonvokale in offener Silbe

6.1 Die Tonvokale in offener Silbe verhalten sich innovatorisch. Die Neuerung besteht darin, daß die mittleren Qualitäten diphthongieren (**11.2**). Metachronisch und ohne Berücksichtigung der geographischen Lagerung ergibt sich die folgende schematische Darstellung.

Á [(ā) > *e*

TÁLE > *tel* | PÁRET > *pert*

Mit vorausgehendem Palatal **7.1**. Mit Nasal **14.2**.
In Verbindung mit i̯ (entsprechend den Beispielen in **26.1**, **30.1**) bleibt A [jedoch erhalten.

Ĕ [(ẹ̄) > *ie*

PĔDE > *pie* | VĔNIT > *vient*

In Proparoxytonis (**20.2**) : TĔPIDU > *tiede*

Im Hiat (**21.1**) : DĔU > *Dieu*
MĔUM > *mien*

É, Ĭ [(ẹ) > *ei, oi*

TÉLA > *teile, toile*

FĬDE > *fei, foi* | VĬDET > *veit, voit*

Im Hiat (**21.1**) : VĬA > *veie, voie*
MĔA → MÉA > *moie* (**45.3**)

Mit Palatal **7.2**. Mit Nasal **14.2**. Mit Labial **15.1**.

Ī [(ī) > *i*

ĪRA > *ire* | VĪVIT > *vit*

Ŏ [(ǭ) > *ue*

NŎVU > *nuef* | PŎTET > *puet*

In Proparoxytonis (**20.2**) : *MŎVITA > *muete*

Ṓ, Ŭ́ [(ọ̄) > *ou, eu* (als Graphem häufig auch *o*)

FLṒRE > *flour, fleur*

GŬ́LA > *goule, gueule*

Im Hiat (21.1) : TŬ́A > *toue, teue* (45.3) (gegenüber TŬ́UM > *tuen*, dissimiliert [ǫọ])

Mit Nasal **14.2**. Mit Labial **15.2**.

Atypisch: *amour, jalous* (Lautungen aus dem Süd-Westen).

Ū́ [(ū) > *u* [ü]

RŪ́TA > *rue* MŪ́TAT > *mue*

ÁU [(au > o) > *o*

ÁURU > *or* LÁUDAT > *loe, loue*

Sekundär: FÁBRICA > *forge* (< **faurga*), PARÁBOLA > *parole* (< **paraula*); HÁ (C) · HORA > *ore*, (ĬL) LẮ · HORA > *lor(e)*; APUD > *od, o* (< **aud*, proklitisch)

6.2 Zur Erklärung: Der französische Vokalismus gliedert sich in ein vierstufiges System. Um das Funktionieren dieses Systems sicherzustellen, wird der betonte Vokalismus in offener Silbe extrem differenziert. Dabei bleiben die geschlossensten Qualitäten erhalten, Ū in palataler Lautung als [ü] (**9.2**). Alle übrigen vulgärlateinisch einfachen Vertreter des Systems werden durch Mehrlautphoneme ersetzt. Dieser Vorgang wird bei den mittleren Qualitäten als spontane Diphthongierung bezeichnet (**11.2**).

Die Diphthongierung erfolgt in zwei Schüben, deren relative Chronologie folgendermaßen angesetzt werden kann: Ĕ́ [> *ie*, Ŏ́ [> *uo* (archaische Lautung) > *ue;* Ḗ, Ĭ́, [> *ei*, Ṓ, Ŭ́ [> *ou*, Á [> e (dessen diphthongische Phase *[ai] mit derjenigen von [ei], [ou] mehr oder weniger parallel verläuft). Zwischen der Monophthongierung von *[ai] > [ę̄] und derjenigen von [au] > [ọ̄] besteht ein Parallelismus, der es ermöglicht, das Ergebnis des letzten lateinischen Diphthongen in das System der einfachen Vokale einzugliedern.

In altfranzösischer Zeit erscheinen die Lautungen *oi* [ǫi̯ > u̯ę] sowie *eu* [ęu̯ > ọ̈] und [ọ̈] aus *ue*. Das [ę̄] aus Á [des älteren Altfranzösisch wird zu [ẹ]. Zu bemerken ist ferner, daß die Stufe *oi* auch von einigen Kombinationen mit i̯ erreicht wird (**12.2, 18.2**).

7. Varianten der Tonvokale A, E [nach anlautendem Palatal

7.1 Nach einem anlautenden Palatal verhält sich Á [im Sinne des Gesetzes von Bartsch (8.1).

C, G + Á [> *ie*

CÁRU > *chier*

MER	CÁTU > *marchié*
CÒLLO	CÁRE > *colchier*
PUR	GÁRE > *purgier*
NÀVI	GÁRE > *nagier*

Die Palatalisierung, die auch das unbetonte A [erfaßt (18.2), ist älter als der Wandel von Á [> *e* (6.2). Es ist möglich, daß das palatalisierte A zunächst einfach [ę] lautete und daraufhin mit Ę́ [> *ie* diphthongierte (11.2). — Zum Verhalten der Konsonanz 24.3.

7.2 Der Parallelismus in der Entwicklung der Phoneme C, G ist im Französischen teilweise aufgehoben. Es erscheint hier deshalb nur die Kombination mit C.

C + Ẹ́ [> *i*

CẸ́RA > *cire* MER | CẸ́DE > *merci*

Es kann angenommen werden, daß Ẹ́ [zunächst diphthongierte. Aus der Verbindung mit dem Palatal entstand dabei ein Triphthong *[iei], der wie das Ergebnis von Ę́ + i̯ (12.2) durch [i] vertreten ist.

RACẸ́MU > *raisin*

PAGẸ́NSE > *pais*

Analog zum Verhalten von Á [nach dem Bartsch'schen Gesetz erscheint Ẹ́ [auch dann als *i*, wenn der palatale Konsonant im Inlaut steht.

8. Das Bartsch'sche Gesetz

8.1 Das nach Karl Bartsch (1832—1888) benannte Gesetz besagt, daß der Tonvokal Á [nach einem vorausgehenden Palatal durch [ie] vertreten wird. Es liegt Kontaktharmonisierung vor.

Das palatale Element wird vor allem in Morphemen wirksam, die im Altfranzösischen deshalb in zwei Varianten auftreten (-ÁTU > *-é/-ié*; -ÁRE > *-er/-ier* usw.). Es kann aus den folgenden Lautungen hervorgehen:

(1) C, G + Á [im absoluten und relativen Anlaut (7.1)

(2) C, G als einfache Konsonanz im Inlaut (26.3)

PRĔCÁRE > *preiier*
*LAGÁRE > *laiier*

(3) C, G als Bestandteile von Konsonantengruppen im Inlaut (28.2)

TRACTÁRE > *traitier* *AMÌCITÁTE > *amistié*
APRŎXIMÁRE > *aproismier*
FLAGRÁRE > *flairier* DĬGNITÁTE > *deintié*

(4) Kombinationen von Kons. + i̯ (30.3)

*CAPTI̯ÁRE > *chacier* ÀDI̯UTÁRE > *aidier*
COMMȨ̯ÁTU > *congié*

8.2 Das Bartsch'sche Gesetz liefert ein wichtiges Kriterium für die Darstellung der sprachlichen Gliederung der Galloromania. Durch die vorliegende Behandlung von Á [setzt sich das Französische vom Provenzalischen ebenso ab wie vom Frankoprovenzalischen und vom Poitevinischen, die beide eine Mittelstellung einnehmen.

	prov.	fr.-prov.	fr.	*poit.*
A	*a*	*a*	*e*	*a / e*
Pal. + A	*a*	*ie*	*ie*	*e*

Entsprechende Fälle mit Pal. + A sind CÁPU, MÈDI̯ETÁTE, prov. *cap*, *meitat*, fr.-prov. *chié*, *meitié*, fr. *chief*, *moitié*, poit. *chep*, *meité*.

9. Die Tonvokale in geschlossener Silbe

9.1 Die Tonvokale in geschlossener Silbe verhalten sich konservativ. Die vulgärlateinische Qualität bleibt in den meisten Fällen erhalten. Daraus ergibt sich das folgende Schema:

Ắ] (ă) > *a*

PẮRTE > *part* TẮBULA > *table* (29.2)
PẮRTIT > *part*

Der Artikulation entsprechend affiziert ein auf A folgendes [s] die vokalische Qualität. (Zum s-Laut **23.2**). Das Phonem |a| in *pate* „patte“ hat als Variante daher ein hinteres [ɑ] in Lexemen wie BASSA > *basse*, PASTA > *paste*. Mit dem Schwund des *s* in der Kombination S + Kons. (**25.5**) wird dieses hintere [ɑ] gelängt. (Die neue Quantität wird in der Folge analogisch übertragen: *basse* mit [ɑ:] nach *paste* [pɑ:tə].)

Ĕ́] (ę̆) > *e* [ę]

CĔ́RVU > *cerf* TĔ́NERU > *tendre*
PĔ́RDIT > *pert*

Ḗ, Ĭ́] (ẹ̆) > *e* [ẹ]

VĬ́RGA > *verge* SḖMITA > *sente*

Ī́] (ĭ) > *i*

SCRĪ́PTU > *escrit* LĪ́MITE > *linte*

Ŏ́] (ǫ̆) > *o* [ǫ]

PŎ́RTA > *porte* CŎ́MITE > *conte*
DŎ́RMIT > *dort*

Ṓ, Ŭ́] (ọ̆) > *o, ou* [ọ > u]

CṒRTE > *cort, cour* NŬ́MERU > *nombre*
CŬ́RTU > *cort, court*

Die Lautung von NŌS, VŌS weist auf phonosyntaktisch geschlossene Silben oder aber auf unbetonten Vokalismus (**17.2**). — Zur Wortstruktur **33.4**.

Ŭ] (ū) > *u* [ü]

NŬLLU > *nul*

PŬRGAT > *purge*

9.2 Zur Erklärung: Die Palatalisierung von Ū > [ü] erfolgt gleicherweise in offener und in geschlossener Silbe. Der Wandel kann als Ausgleich innerhalb des Vokalsystems verstanden werden. Er befördert deshalb auch das Nachrücken von [ọ > u]. (Das Graphem *ou* hat hier — anders also zunächst als in Fällen wie FLŌRE > *flour* (6.1), MŬLTU > *molt*, *mout* (13.3) — den Lautwert [u]).

10. Der Umlaut

10.1 Der Umlaut ist eine Form von Harmonisierung, eigentlich eine Fernassimilation von Vokalen. Es handelt sich um eine archaische Erscheinung der Romania, die im Französischen wegen des Schwunds der Auslautvokale (21.1) nur beschränkt auftritt. Die metaphonische Wirkung geht aus von -Ī und trifft Ē Ĭ, Ō Ŭ [ ] in offener und geschlossener Silbe: (*ẹ́_i*) > *i*, (*ọ́_i*) > *ú*. Sie macht sich vor allem in der Morphologie bemerkbar.

(1) Die einschlägigen Formen von ĬLLE gliedern sich morphologisch in ein durch Aphärese (Nominativ des Artikels, Obliquus des unbetonten Personalpronomens) und in ein durch Apokope (Rectus des Personalpronomens) entstandenes Paradigma. Der vulgärlateinische Singular *ĬLLĪ geht zurück auf den Einfluß des Relativums QUĪ. Vgl. 45.1.

*(ĬL)LĪ > *li*		
(ĬL)LĪ > *li*		
*ĬL(LĪ) > *il*	Demonstrativ mit (EC) CE:	*cil*
ĬL(LĪ) > *il*		*cil*

Ferner: *ĬSTĪ > *ist* (EC) CE·ĬSTĪ > *cist*

*ĬPSĪ > *is*

(2) In der Morphologie des Verbs ist der Umlaut entscheidend für die Grammatikalisierung der Perfekte auf -SĪ und derjenigen auf -Ī. (Sekundär zu -Ī gelangen *VĔN·UĪ > [*vẹnnī] > *vin*, VŎLUĪ > [*vọlli] > *voil*). — Die UI-Perfekte 31.3. Vgl. 40.2.

*PRḖ(N)SĪ > *pris* FḖCĪ > *fis* (**fiz*)

*PRĒ(N)SÍSTĪ > *presis*

Ferner: FŬ́Ī > *fui*

FŬ́(Ī)STĪ > *fus* (33.2)

10.2 Eine analoge Wirkung des auslautenden -Ī zeigt sich außerdem in primären und sekundären vokalischen Verbindungen. — Zur Behandlung des Auslauts 21.1.

-Á(V)I > *-ai* : CŬ́Ī > *cui* (> [ki])

(IL)LŬ́Ī > *lui*

Analogisch erscheint DUO → *DŬ́Ī > *dui.*

Die Lautung des Nominativs *tuit* < *TỌ́TTĪ (45.4) zeigt zusätzlich Metathese.

Die schließende Wirkung des -Ī auf die geschlossenere Qualität ist der diphthongierenden Wirkung auf die offenere Qualität vergleichbar (11.1).

(Die französischen Nachfolger von CĬLIU, MĬLIU, TĬLIU und ŎSTIU gehen auf romanische Doppelformen mit Ī / I und Ō / U zurück, die wohl durch die erhöhende Wirkung des nachfolgenden Palatals bedingt sind. Im Falle von PŬ́TẸ̑U > *puiz* scheint eine Kontamination mit dem gleichbedeutenden anfrk. *putti vorzuliegen.)

11. Die Diphthongierung

Die Diphthongierung ist eine Erscheinung, die im Rahmen der Einzelsprachen mit Vorteil einfach als solche diagnostiziert wird. Der Versuch, das Phänomen zu erklären, ist nur in einem größeren Rahmen sinnvoll. Es gibt in der Romania verschiedene Bedingungen, unter denen die Diphthongierung auftritt. Zwei davon sind im Französischen vertreten, eine archaischere und eine modernere.

11.1 Die konditionierte Diphthongierung: Die konditionierte oder Kontaktdiphthongierung erfaßt die mittleren Qualitäten Ĕ́, Ŏ́ [ ] in offener und in geschlossener Silbe bei palatalem Kontakt. Tritt der Diphthong mit dem Palatal in Verbindung, so entstehen die für das Französische als

Diasystem vorausgesetzten, im Provenzalischen belegbaren Triphthonge [iei], [uei] (12.1). Diese werden im Französischen entsprechend zu *i, ui* reduziert.

Ĕ, Ŏ [:	PRĔCAT > (prieie) > *prie*	CŎRI̯U > (cueir) > *cuir*
Ĕ, Ŏ] :	LĔCTU > (lieit) > *lit*	NŎCTE > (nueit) > *nuit*

Die Kontaktdiphthongierung ist eine mit dem Umlaut verwandte Harmonisierungserscheinung, die gemeinwestromanisch auftritt und besonders für die Galloromania typisch ist.

11.2 **Die spontane Diphthongierung:** Die spontane Diphthongierung erfaßt die mittleren Qualitäten Ĕ, Ŏ [und Ē Ĭ, Ō Ŭ [nur in offener Silbe (6.2).

Die spontane Diphthongierung ist eine jüngere Erscheinung im vierstufigen Vokalsystem, zu dessen genaueren Differenzierung sie beiträgt. Sie setzt den Quantitätenkollaps (4.1) und die Doppelung des Systems (5.1) voraus. Eine entsprechende Regulierung kann auch für die mit der Ultima im Hiat stehenden Tonvokale in Aussicht genommen werden (21.1).

DĔU > *Dieu*	(IL)LÁEĪ > *li* (f. sg.)
VĬA > *veie, voie*	-DĔ(D)Ī > *-di* (Perf., 40.1)

Andrerseits dürfte, vor allem bei -Ī, die Frage nach dem palatalen Kontakt an altertümliche Verhältnisse im Sinne der Vokalharmonisierung erinnern. (Es ist auch möglich, daß sich die freie Diphthongierung von Ĕ Ŏ in Proparoxytonis (20.2) mit der — in diesem Falle durch Ī der Nachtonsilbe bedingten — harmonisierenden Diphthongierung trifft.)

12. Varianten der Tonvokale mit palatalem Element

12.1 Der Halbvokal i̯ entsteht aus dem lateinischen E, I im Hiat sowie aus C, G in bestimmten Positionen (26.3, 28.2); zu i̯ reduziert wird auch die Kombination DI̯ (30.3). Seine Wirkung auf die unmittelbare Umgebung entfaltet sich grundsätzlich in zwei Richtungen:

(1) als Halbvokal frei oder durch Entpalatalisierung von Konsonanten frei geworden, verbindet sich i̯ silbenschließend mit dem Vokal im Ton (12.2) oder im Vorton (18.2);

(2) i̯ palatalisiert die Konsonanz oder wird selbst konsonantisch (30.1).

Bei den mittleren Qualitäten Ĕ́, Ŏ́, die entweder spontan oder durch palatalen Kontakt diphthongieren, zeitigt die Verbindung mit i̯ die Triphthonge [iei] und [uei], die im Franzischen zu *i*, *ui* reduziert erscheinen (11.1). Mit diesen beiden Lautungen fallen Ĭ́ + i̯ und Ŭ́ + i̯ entsprechend zusammen.

Zu bemerken ist außerdem, daß die aus der Kombination mit i̯ entstandenen *oi*-Lautungen (d. h. Ḗ, Ĭ́; Ṓ, Ŭ́; ÁU + i̯) mit dem Diphthongen *oi* < Ḗ, Ĭ́[zusammenfallen. (Vgl. dagegen in den Straßburger Eiden *dreit* < D(I)RḖCTU gegenüber *podir, savir*, mit *i* als merov. Graphem für [ẹ] im poit. bzw. [ẹi̯] bei frz. Lesung.)

12.2 Im einzelnen ergeben sich in der Verbindung mit den Tonvokalen die folgenden Kombinationen:

Á + i̯ > *ai*

MÁI̯OR > *maire*	BRÁCA > *braie*
	PLÁGA > *plaie*
ÁRE̯A > *aire*	FÁCTU > *fait*
BÁSI̯AT > *baise*	LÁXAT > *laisse*

Pal. + A + i̯ > (iei) > *i*

I̯ÁCET > *gist*	CÁCAT > *chie*

Ĕ́ + i̯ > (iei) > *i*

MĔ́DI̯U > *mi*	DĔ́CE(M) > (*diz), *dis*
	LĔ́GERE > *lire*
CERĔ́SI̯A > *cerise*	PĔ́CTUS > *piz*
PRĔ́TI̯AT > *prise*	Ĕ́XIT > *ist*

In Fällen wie VĔ́CLU > *vieil* ist *il* Graphem für das mouillierte *l*. Es liegt keine triphthongische Lautung vor.

Ē, Ĭ + i̯ > *ei, oi*

ĬNVĬDI̯A > *enveie;* *envie* (gelehrt)	LĬCET > *leist, loist*
	RĒGE > *rei, roi*
FĒRI̯A > *feire, foire*	TĒCTU > *teit, toit*
CERVĒSI̯A > *cerveise, cervoise*	CRĒSCERE > *creistre, croistre*

Ī + i̯ > *i*

SŬSPĪRI̯U > *sospir*	AMĪCU > *ami*
	FRĪGERE > *frire*

Ŏ + i̯ > (uei) > *ui*

PŎDI̯U > *pui*	NŎCET > *nuist*
*PŎSSI̯O > *puis*	NŎCTE > *nuit*
ŎSTRE̯A > *uistre*	CŎXA > *cuisse*

In Fällen wie FŎLI̯A > *fueille* ist *ill* Graphem für das mouillierte *l*. Es liegt keine triphthongische Lautung vor.

Ō, Ŭ + i̯ > *oi*

	VŌCE > *voiz*
	CRŬCE > *croiz*
-ŌRI̯U > *-oir*	BŬXIDA > *boiste*
ANGŬSTI̯A > *angoisse*	LŬSCU > *lois*

Ū + i̯ > *ui* [üi̯]

*SŪDI̯A > *suie*	
*PERTŪSI̯U > *pertuis*	FRŪCTU > *fruit*

ÁU + i̯ > *oi*

GÁUDI̯A > *joie*

NÁUSE̯A > *noise*

13. Varianten der Tonvokale mit velarem Element

13.1 Das im Lateinischen durch den Halbvokal V vertretene velare Element u̯ (23.1, 2) kann im Französischen auch aus palataler Konsonanz und aus velarem *l* entstehen. Im Zusammenhang mit dem Vokalismus sind folgende Fälle typisch:

(1) CLÁVU > *clou* : CLÁVE > *clef*
HÁBUI (31.3)

(2) PÁUCU > *po, pou; peu / poi*
RÁUCU > *ro, rou / roi* — RÁUCA > *roe, roue / roie*
ÁUCA > *oe, oue / oie*
CǼCU > *cieu, ciu* — CǼCA > *ciee*
DŎGA > *doe, doue* (*douve*)
LĔGŪME(N) > *leun*

Unter dem Einfluß des u̯ können die Tonvokale verändert werden. Der vokalische Kontext seinerseits bedingt das Verhalten der Konsonanz. Velarer Umgebung entspricht [u̯], bzw. konsonantisch [v]. Dabei wird das aus C, G (26.3) zu erwartende palatale Element [i̯] dem velaren Kontext bisweilen angepaßt. Als Alternative erscheint außerdem der Schwund durch Assimilation.

13.2 Die Verbindung von u̯ mit einem Tonvokal ergibt zwei verschiedene Resultate, die als typisch gelten dürfen: *ou* in der velaren, *ui* in der palatalen Reihe. Kombinationen dieser Art sind jedoch selten, so daß die belegbaren Lösungen nicht einheitlich sind.

Á, Ŭ, ÁU + u̯ > *ou*

PICTÁVU > *Peitou, Poitou* FÁGU > *fou*
I̯ŬGU > *jou*

A wird zu *o* velarisiert. Der Nexus [ǫu̯], [ọu̯] neigt zur Schließung (*ou* > [u]) und nimmt an der Entwicklung der Diphthonge (*ou* < Ō, Ŭ [) nicht teil. Frz. *peu* ist atypisch (durch Dissimilation oder unter dialektalem Einfluß entstanden).

<u>Ŏ́ + u̯</u> : CŎ́QUU → CŎ́CU > *cou, queu, kieu*

FŎ́CU > *fou, feu* (*fu*)

I̯Ŏ́CU > **jou, jeu / gieu* (*giu*)

LŎ́CU > **lou, *luou / lieu* (*liu*)

Es scheint, daß u̯ hier das Fortschreiten der Diphthongierung verhindert hat. Als gemeinsame Basis der auftretenden Lautungen erscheint demnach der Triphthong [uou], der entweder reduziert oder dissimiliert wird.

<u>É, Í + u̯ > *iu, ui*</u>

SÉBU > *siu, sui*(*f*) TÉGULA > *tuile* (<teula, **29.3**)

RÍ(V)U > *riu, rui, ru* (**21.1**)

Die Lautfolge [ui] ist im Französischen geläufiger als [iu]. Sie wird in den vorliegenden Fällen durch Metathese erreicht und schließt die weiteren Entwicklungsalternativen aus.

13.3 Als kombinatorische Variante von L erscheint vor Konsonant ein velares [l̥], das in altfranzösischer Zeit zu u̯ vokalisiert wird. Die Vokalisierung trifft L in primär und sekundär geschlossener Silbe. Das velare Element verbindet sich mit dem Vokal. Zu bemerken ist, daß die lateinische Graphie oft beibehalten wird. *x* entspricht als Graphem *us*.

<u>Á] + L > *au*</u>

ÁLBA > *aube*

ÁLTERU > *autre*

<u>Á [+ L > *eu*</u>

TÁLES > *teus* (*tex*)

<u>Ĕ́] + L > *eau*</u>

BĔ́LLUS > *beaus*

*VĔ́LTRAGU > *veautre*

Vortonig: DĔLICÁTU > *deugié*

<u>Ĕ́ [+ L > *ieu*</u>

CÁELU·S > *cieus* (**43.3**)

VĔ́CLUS > *vieuz* (**33.2**)

<u>Ĭ́ [ ] + L > *eu*</u>

Ĭ́LLOS > *eus*

*FĬ́LTRU > *feutre*

PĬ́LUS > *peils, peus*

Ŏ́] + L > *ou*

FŎ́LLIS > *fous*

CŎ́LAPHU > *coup*

Ŏ́[+ L > *ueu, ieu*

VŎ́LET > *vueut, vieut*

Ŏ́CULOS > *ueuz, ieuz* **(33.2)**

Ŭ́] + L > *ou*

MŬ́LTU > *mout*

PŬ́LVERE > *poudre*

Ṓ[+ L > *eu*

SṒLUS > (seuls) > *seus*

Ū́] + L > *u* [ü]

NŪ́LLUS > (nuls) > *nus*

Besonderheiten:

(1) Zwischen [ę̂] als Tonvokal und u̯ erscheint [a] als Gleitlaut. (Typ BĔ́LLUS).

(2) Der Nexus *ieu* entsteht durch Dissimilation des Triphthongen. (Typ VŎ́LET).

(3) Assimilation. (Typ PĪ́LUS, SṒLUS, NŪ́LLUS).

(4) Die Lautung [ou̯] der velaren Vokalreihe in primär geschlossener Silbe fällt in der Folge mit *ou* [u] aus Ō, Ū] (**9.1**) zusammen. (Typ MŬ́LTU).

14. Varianten der Tonvokale mit Nasal

14.1 Durch nasale Konsonanz wird im Altfranzösischen jeder unmittelbar vorausgehende Vokal nasaliert. Dasselbe gilt für vokalische Verbindungen mit i̯ (**30.4**) und für Vokale im Vorton (**18.2**). Der Vorgang ist als regressive Assimilation zu verstehen. Wichtig ist festzustellen, daß die nasalen Konsonanten ihre Artikulation dabei nicht verlieren. Im Verhältnis zum Neufranzösischen (und im Hinblick auf die Phonologisierung der Varianten) vergleiche man:

*VĔCĪ́NU > *voisin*	afr. |-ĩn|	:	nfr. |-ę̃|
*VĔCĪ́NA > *voisine*	afr. |-ĩnə|	:	nfr. |-in|

Graphische Relikte der mittelalterlichen Aussprache sind nfr. Schreibungen wie *flamme*, afr. |flãmə|, *bonne*, afr. |bõnə|. Das Archiphomen Nasalkonsonant, im Französischen |n| (33.5), wird phonetisch in Anlehnung an die Artikulation des folgenden Konsonanten realisiert.

ÁMO > *aim* |aĩn| SÉMITA > *sente*

LÍNGUA > *lengue* |lãŋge|

Die Vokale mit größerem Öffnungsgrad [a, e, o] waren früher und stärker nasaliert als die Vokale mit geringem Öffnungsgrad [i, u].

14.2 Die Tonvokale in offener Silbe (6.1): Die Tonvokale in offener Silbe verhalten sich wie folgt:

Vlt.	ī	ẹ̄	ę̄	ā	ọ̄	ọ̄	ū
Afr.	*ĩ*	*ẽi*	*ĩe*	*ãi*	*ũe*	*õ*	*ũ* [*ü̃*]

Ein Vergleich mit der Entwicklung der oralen Vokale zeigt, daß die Nasalierung in drei Fällen retardierend gewirkt hat:

(1) Á [+ Nas. > *ain*: Unter dem Einfluß des Nasals gelangte der Wandel von A zu *e* in der diphthongischen Phase zum Stillstand.

ÁMAT > *aime* MÁNET > *maint*

PÁNE > *pain* (*maent*, Eulalia)

(2) Bei É, Í [verhindert die Nasalierung das Weiterschreiten des Diphthongen von *ei* zu *oi*.

PLÉNA > *pleine* SÍNU > *sein*

Atypisch: *avoine, foin; moins* (mit Lautungen aus dem Osten).

(3) Bei Ó, Ú [unterbleibt die Diphthongierung von *o* zu *ou*. Das nasalierte *o* scheint sehr geschlossen, wahrscheinlich [ũ] gelautet zu haben.

-ÓNE > *-on* PÓMA > *pome*

14.3 Die Tonvokale in geschlossener Silbe (9.1): In der Reihe der Tonvokale in geschlossener Silbe wird die Differenzierung der Öffnungsgrade durch die Nasalierung beeinträchtigt. Die mittleren Qualitäten fallen zusammen; schon in altfranzösischer Zeit wird [ẽ] zu [ã] geöffnet.

Vlt.	ĭ	ẹ̆	ẹ̆	ă	ọ̆	ọ̆	(ŭ, nicht vertreten)
Afr.	*ĩ*	(*ẽ*>)		*ã*	*õ*		

15. Die Labialisierung

15.1 Labiale Konsonanz vermag den vorhergehenden Vokal zu öffnen. Eine eigentliche Reihe besteht hier jedoch nicht. Zu merken sind vielmehr eine Anzahl von Fällen:

[ẹ] > [ę] : F(L)Ĕ́BILE > *fieble* (statt *feible*, 29.2) — FĬ́MITA > *fiente*

Ĕ́BRI̯U > *ivre* (iei)

SĔ́BU > *sieu* (neben *siu*, 13.2)

[ọ] > [ǫ] : *CŎ́PERIT > *cuevre* — COLŬ́BRA > *coluevre*

Ŏ́VU > *uef* — I̯Ŭ́VENE > *jue(f)ne*

CŬ́PRE̯U > *cuivre* (uoi)

PLŬ́(V)I̯A > *pluie*

15.2 Die labiale Konsonanz verhindert außerdem das Fortschreiten des Diphthongen aus Ŏ́, Ŭ́ [von *ou* zu *eu*. Das Ergebnis ist schließlich [u].

LŬ́PA > *love, louve*

CŬ́BAT > *cove, couve*

Die unbetonten Vokale

16. Die Stellung im Verhältnis zum Tonvokal

16.1 Im Verhältnis zum Tonvokal stehen die unbetonten Vokale vor dem Ton, zwischen dem Ton oder nach dem Ton.

(1)	vortonig	DO̱RMÍRE	
	— mit Nebenakzent	DO̱RMITÓRIU	
(2)	zwischentonig	DÒRMI̱TÓRIU	
(3)	nachtonig		
	— in Proparoxytonis	CÁLI̱DU	(Pänultima)
	— in Paroxytonis	DÓRMI̱T	(Ultima)

16.2 Zur Morphologie: Der wechselnde Akzent bedingt verschiedene Wortgestalten. Bei der Deklination im Zweikasussystem steht der Singular des Rectus der (von Personenbezeichnungen erhaltenen) Imparisyllaba gegenüber den anderen Formen isoliert (1). Die Konjugation kennt im Präsens den sog. vokalischen Wechsel (2).

(1)	SĔ(N)I̯OR > *sire*	:	SENI̯ŎRE > *seignour, -eur*
	SŎRO(R) > *suer*	:	SORŎRE > *sorour, serour*
	PECCĂTOR > *pechiere*	:	PECCATŎRE > *pecheour*
	LĂTRO > *lere*	:	LATRŎNE > *larron*
	u. a. (43.5)		
(2)	LĂVO > *lef*	:	LAV · ŬMUS > *lavons*
	ĂMO > *aim*	:	AM · ŬMUS > *amons*
	VĔTO > *vié*	:	VET · ŬMUS > *veons*
	usw. (37.1)		

17. Die Vortonvokale

17.1 Im Bereiche der Vortonvokale sind die Qualitäten zufolge des schwächeren Atemdrucks weniger differenziert als bei den Tonvokalen. Für die Stellung in offener und in geschlossener Silbe ergibt sich daher das folgende Schema:

Die Vortonvokale

Lt.	Ī	Ĭ	Ē	Ĕ	A	Ŏ	Ō	Ŭ	Ū
Afr.	*i*		*e*		*a*		*o*		*u* [ü]

17.2 Aus diesem Schema ergeben sich im einzelnen die folgenden Fälle:

A [ ] > *a*

MARÍTU > *mari* CLÀRITÁTE > *clarté*

ARGÉNTU > *argent*

Palatal + A im Vorton **18.2.**

A im Vorton bleibt auch dann erhalten, wenn es sekundär mit dem Tonvokal im Hiat erscheint. Es kann jedoch durch Assimilation und Dissimilation verändert werden.

RADÍCE > *raiz* *HABÚTU > *ëu*

PAVÓRE > *paor, peor, poor*

Mit i̯ < G (26.3): PAGÉ(N)SE > *pais,* VAGÍNA > *guaine*

Ĕ, Ē, Ĭ [ ] > *e*

*VĒRÁCU > *verai* SĔPTIMÁNA > *semaine*

VĬRTÚTE > *vertu* VĬNDICÁRE > *vengier*

Sekundär im Hiat: LAETÍTIA > *leece,* VĬDÉRE > *veoir.*

Ī [ ] > *i*

FĪLÁRE > *filer* LĪBERÁRE > *livrer*

TRĪSTÍTI̯A > *tristece*

Ŏ, Ō, Ŭ [ ] > *o*

NŌDÁRE > *noer* *RŎTICULÁRE > *rooillier*

*FŌRMÍCE > *formiz, fourmiz* NŎMINÁRE > *nomer*

DŬBITÁRE > *doter, douter*

Vortoniges *o* neigt zur Schließung (*ou* ist Graphem für [u]).

Ū [ ] > *u* [ü]

DŪRÁRE > *durer* — I̯ŪDICÁRE > *jugier*

*SŪCTI̯ÁRE > *sucer*

AU [> *o*

TAUR·ḖLLU > *torel* — *CLÀUSITŪ́RA > *closture*

ÀVICḖLLU > *oisel* (zu **6.2**)

Die Lautfolge AU_Ū́ wird vulgärlateinisch zu A_Ū́ reduziert:

AGŪ́STU > *aost*, *AGŪ́RI̯U > *ëur*

18. Die Vortonvokale im Kontext

18.1 Die Vortonvokale sind sehr anfällig für sekundäre Veränderungen. Schon alt ist die Harmonisierung mit dem Tonvokal Á (1) und die Dissimilation von Ī_Ī́ (2).

(1) BĪLÁNCI̯A > *balance*, SĪLVÁTICU > *salvage, sauvage*

(2) *DĪVĪSÁRE > *deviser*, FĪNĪ́RE > *fenir*, VĪCĪ́NU > *veisin, voisin*

18.2 Die beim betonten Vokalismus auftretenden Varianten haben im Bereiche der Vortonvokale ihre Entsprechung:

Palatale (entsprechend **7.1**): Vortoniges A [in offener Silbe wird zu *e* palatisiert. In geschlossener Silbe bleibt A jedoch erhalten (CANTARE > *chanter*).

CABÁLLU > *cheval* — *GALĪ́NA > *geline*

(Entsprechend **12.2**): In Kombinationen mit i̯ entstehen — außer bei mouilliertem *l, n* — diphthongische Verbindungen.

mit *a*:	RATI̯Ṓ́NE > *raison*	PAGÁNU > *paiien*
mit *e*:	LĪCḖRE > *leisir, loisir*	MĒDI̯ÁNU > *meiien, moien*
mit *o*:	PŌTI̯Ṓ́NE > *poison*	LÒNGITÁNU > *lointain*
mit *u*:	LŪCḖRE > *luisir*	

Velare (entsprechend **13.3**): Das durch die Vokalisierung von L entstandene velare Element u̯ verbindet sich mit dem Vokal.

mit *a*: *FALCĀRE > *falchier, fauchier*

mit *e*: *FĬLICĀRIA > *felgiere, feugiere*

mit *o*: CŎLLOCĀRE > *colchier, couchier*

Nasale (entsprechend **14.1**): Nasale Konsonanz nasaliert auch die Vokale im Vorton.

DŌNARE > *doner* |dõner| DŎMITĀRE > *domter* |dõnter|

Labiale (entsprechend **15.1**): Labiale Konsonanz vermag auch die Vokale im Vorton zu öffnen.

MĪRABĬLI̯A > *merveille* FRŪMĔNTU > *froment*

PRĪMĀRIU > *premier* (*prumier*)

19. Die Zwischentonvokale

19.1 Das Darmesteter'sche Gesetz: Das nach Arsène Darmesteter benannte Gesetz stellt fest, daß sich der Vokal der Zwischentonsilbe (sogenannte *contre-finale*) wie ein Vokal im Auslaut verhält; er verstummt, außer A, der als *e* erhalten bleibt.

PLĒNITĀTE > *plenté* SĀCRAMĔNTU > *sairement*

DĬGNITĀTE > *deintié* PĔCCATŌRE > *pecheour*

Im Falle mehrerer Zwischentonsilben:

ĀNTECESSŌRE > *ancessour* PĀRAVERĒDU > *palefroi*

Zum Dreikonsonantengesetz **28.3**.
Zum Gleitlaut **32.1**.

19.2 Das erwähnte „Gesetz“ ist nicht zwingend. Es wird häufig von Latinismen und halbgelehrten Bildungen durchbrochen (1). Außerdem wird komplizierte Konsonanz (worunter auch Kombinationen mit i̯) hier wie im Auslaut gestützt **(2)**.

(1) VÈRITÁTE > *verité*

CÀSTITÁTE > *chasteé*, VÒLUNTÁTE > *volonté*, *volenté*

(2) PÀPILI̯ÓNE > *paveillon*, NÙTRITI̯ÓNE > *norreçon*,

SÙSPECTI̯ÓNE > *sospeçon*

Bei Verben bleibt zudem der Wechsel zwischen stamm- und endungsbetonten Formen zu beachten (37.2):

ÀDI̯UTÁRE > *aidier*	:	ADI̯ÚTAT > *aiüe, aie*
*CÒRRUPTI̯ÁRE > *corcier, corecier*	:	*CORRÚPTI̯AT > *coroce*
*PÀRAULÁRE > *parler*	:	PARÁULAT > *parole*

Als besondere Fälle sind in diesem Zusammenhang die parasynthetisch gebildeten Infinitive (**34.1**) und das analytische Futur (**42.2**) zu erwähnen.

*ÈX·CRÌT·ÁRE > *escrier*	CÀNTAR·ÁI̯O > *chanterai*
*ÀD·NÒCT·ÁRE > *anoitier*	DÈBER·ÁI̯O > *devrai*
*ÀD·PARI̯·ÁRE > *apairier*	DÒNAR·ÁI̯O > *donerai, donrai, dorrai*
*ÌM·PÈI̯OR·ÁRE > *empeirier*	MÒRIR·ÁI̯O > *morrai*

usw.

20. Die Nachtonvokale in Proparoxytonis

20.1 Die Nachtonvokale in Proparoxytonis fallen im Französischen aus (Synkope). Die lateinischen Akzentverhältnisse wirken jedoch insofern nach, als der jeweilige Auslautvokal als *-e* erhalten bleibt. (Vgl. **25.2**, **29.2**) Atypische Reduktionen durch Apokope sind selten (z. B. ÁRIDU > *are*, PÁLLIDU > *pale*).

MÁNICA > *manche*	TÉPIDU > *tiede*
RÚMICE > *ronce*	HÓMINE > *ome*
*CÁSSANU > *chasne*	

20.2 Bei der Beurteilung der einzelnen Lautungen ist die relative Chronologie zu berücksichtigen.

(1) In einigen Wörtern wurde der Nachtonvokal schon im Lateinischen eliminiert. Die Behandlung des Auslautvokals zeigt, daß diese Fälle nicht mehr als Proparoxytona zählen.

CÁL(I)DU > *chaut* ŎC(U)LU > *ueil*

CŎ́L(A)PHU > *colp, coup* VĔ́CLU > *vieil*

VĬ́R(I)DE > *vert* FRĬ́G(I)DU > *freit, froit*

(2) Die Tonvokale Ĕ́, Ŏ́ werden, außer vor Nasal, von der Diphthongierung erfaßt (11.2). Sie befanden sich zu diesem Zeitpunkt noch in offener Silbe. (Gleiche Bedingungen zeigt das Verhalten der Konsonanz, etwa in *graisle* < GRÁCILE, 26.3). Die Synkopierung verhindert jedoch entsprechende Veränderungen der übrigen Vokale.

TĔ́PIDU > *tiede* I̯Ŭ́VENE > *jue(f)ne* (15.1)

PĔ́DICA > *piege* *MŎ́VITA > *muete*

Vor Nasal:

GĔ́NERU > *gendre* (32.1) HŎ́MINE > *ome*

TRĔ́MULAT > *tremble* DŎ́MITAT > *donte*

Isoliert: SPATULA (29.4)

REGULA, TEGULA, SAECULU; SECALE (29.3)

21. Die Nachtonvokale in Paroxytonis

21.1 Die Stellung der Nachtonvokale in Paroxytonis, mit anderen Worten: die Stellung im Auslaut, entspricht derjenigen der Zwischentonvokale (19.1). Die Auslautvokale schwinden, außer -A, das als *-e* [ə] erhalten bleibt.

MŬ́RU, -Ī > *mur* MŬ́RUS, -ŌS > *murs* (43.3)

PŎ́NTE, *-Ī > *pont* PŎ́NTES > *ponz* (43.4)

ÁMO > *aim* -ÁTIS > *-ez*

Mit -A:	TÉRRA(M) > *terre*	TÉRRAS > *terres*
	ÁMA > *aime*	ÁMAS > *aimes*
		QUŎMO·AC > *come, comme*

Stehen die Auslautvokale -Ī, -Ū mit dem Tonvokal im Hiat, so bleiben sie in ihrer lateinischen Qualität erhalten.

FŬĪ > *fui* (10.2)	DĔU > *Dieu* (6.2, 11.2)
	RĪ(V)U > *riu* (13.2)

21.2 Der Stützvokal: Bei komplizierter Konsonanz erscheint als vokalische Stütze ein *-e*. Als Konsonanz in diesem Sinne gilt die Kombination von Muta cum liquida (29.2) und das Ergebnis von relativ anlautend entwickeltem i̯ (30.1).

PÁTRE > *pe(d)re*	RŬBE̯U > *roge, rouge*
ĬNFLO > *enfle*	HŎRDE̯U > *orge*

Der Schwund der Vokale im Nachton und im Zwischenton hat einen starken expiratorischen Druck in den Tonsilben zur Voraussetzung. Diese Besonderheit wird nicht zu Unrecht mit dem germanischen Superstrat, genauer: mit den Aussprachegewohnheiten der fränkischen Siedler in Nordfrankreich in Verbindung gebracht.

22. Zur Satzphonetik

22.1 Die Unterscheidung zwischen betontem und unbetontem Vokalismus gilt auch innerhalb bestimmter phonosyntaktischer Gruppen. Unter diesem Gesichtspunkt werden gewöhnlich Veränderungen der Wortform — Agglutination und Deglutination des Artikels, Elision — ebenso berücksichtigt wie die Entstehung von Schnellsprech- und Kurzformen (*AI̯O, *SEI̯OR). Im Altfranzösischen sind eine Anzahl von Lexemen außerdem mit einer haupttonigen und einer nebentonigen Lautung vertreten:

QUA·RE > *quer / car*	BŎNU > *buen, boin / bon*
QUĬD > *quoi / que*	MALU > *mel / mal*
	NON (33.5)

Typisch altfranzösische Reduktionen sind MĂLĀ · HŌRĀ > *mar*, BŎNĀ·HŌRĀ > *buer* (44.1).

Als Beispiel für die möglichen Veränderungen im Nebenton:

SŪPER > *sovre* (Eulalia)
sore, *sor* Kurzformen
sur analogisch nach SŪ(R)SUM > *sus*

22.2 Im Rahmen satzphonetischer Bedingungen galt ursprünglich auch eine Reihe von Partikeln als nebentonig: AD × AB > *a*, IAM > *ja*, (IL)LA > *la*, (IL)LAC > *la* u. a. Zur Illustration der Akzentverhältnisse könnte dabei etwa folgendes angesetzt werden:

(AD × AB) · (IL)LU · PÁTRE = *à lo pédre* > *al pere*

Auf diese Weise erklären sich die ursprünglich phonosyntaktisch variierten, im Altfranzösischen jedoch gefestigten Reduktionsformen des Artikels (**43.8**): *de+le* > *del*, vor Konsonant *deu/dou*, *de+les* > *des*, *a+le* > *al*, *au/ou*, *a+les* > *as*, *en+le* > *el*, *eu/ou*, *en+les* > *es*. Weitere Beispiele sind NON · ILLU > *nel*, NON · ILLOS > *nes*, SIC·ILLU > *sel* u. a.

Die Artikelformen sind hier enklitisch. Die Enklise als syntagmatisches Verfahren ist archaisch (vgl. *net* < *ne te*, *nem* < *ne me* u. a. im Alexius). Proklitische Fügungen dagegen sind *s'amor*, *s'amie*. Das Altfranzösische entschied sich (im Gegensatz zum Provenzalischen) im wesentlichen für die Proklise.

22.3 Einen besonderen Hinweis erfordern Kurzformen wie *AI̯O auch im Hinblick auf die abnorme Paradigmabildung im Präsens (**39.1**). Die Kurzformen sind dort noch selbständig. Sie verlieren diese Selbständigkeit, wenn sie Morphemfunktion übernehmen, z. B. bei der Perfektumschreibung (**41.3**) und bei der Bildung des Futurs (**42.2**). Formen wie *SĔI̯OR stützen die Morphologie der Imparisyllaba der dritten altfranzösischen Deklination (**43.5**).

22.4 Die unbetonten *e*-Laute (**17.2**, **18.2**, **19.1**; **20.1**, **21.1,2**; Partikeln), die im Altfranzösischen frei realisierbar waren, wurden in der Folge entweder ausgeschieden oder als *e*-muet neu grammatikalisiert.

Die Konsonanten

23. Das System der Konsonanten

23.1 Die Konsonanz ist im klassischen Latein folgendermaßen vertreten:

	Okklusive	Frikative	Nasale	Liquiden
Labiale	P B	F	M	
Alveodentale	T D	S	N	L R
Palatovelare	C G	(H)		

Diese Konsonanten sind in ihrer Artikulation labial (bzw. labiodental bei F), alveodental oder palatovelar (bei H laryngal). Ihre Bildung ist entweder okklusiv (stimmlos oder stimmhaft), frikativ, nasal oder lingual. Im folgenden werden fünf Klassen unterschieden: Labiale, Dentale, Palatale, Nasale und Liquiden.

Im Hinblick auf das Romanische gehören zur Konsonanz auch die lateinischen Halbvokale [i̯], [u̯]. Es sind dies zunächst I, V im Hiat, ein palatales i̯ (Jod) und ein labiovelares u̯ (Vau). Ihrem Verhalten entsprechend wird hier generell von einem palatalen und einem velarem Element gesprochen. Das palatale Element übt einen maßgeblichen Einfluß auf die Entwicklung des französischen Lautsystems aus. (Vgl. **8.1**, **10.2**, **11.1**, **12.1**, **18.2**, **26.3**, **28.2**, **29.2**, **30.1**).

23.2 Besondere Hinweise:

H : Im Lateinischen war H redundant. Es galt schriftsprachlich als korrekt, war jedoch nie volkstümlich. Im Romanischen gibt es von diesem H keine Spur. Ein neues *h-* erscheint unter dem Einfluß des Germanischen: *anfrk.* **h a p j a* > *hache*, *ALTU* × **h o h* > ***haut.*** (Vgl. dazu in der Folge das sog. *h aspiré*, das sich — als Glottisverschluß (?) — in der Syllabierung „konsonantisch" verhält).

S : Das Lateinische kannte kein stimmhaftes S. Zwischen Vokalen ist einfaches [z] zu [r] geworden (Rhotazismus). ASINUS, ROSA sind keine urbanen Lautungen. Doch erscheint S in einigen Wörtern, die klassisch die Verbindung von Langvokal mit Langkonsonant aufwiesen (**3.1**): CĀSUS > *cas* entspricht CĀSSUS (< *CAD · TUS), CAUSA erscheint neben häufigerem CAUSSA. Vergleiche:

ES·SE	LAUDA·SE	OS:OSIS	OS·CULUM
ESSE	LAUDARE	OS:ORIS	OSCULUM

Ein stimmhaftes [z] entsteht in der westlichen Romania durch die Sonorisierung der einfachen intervokalischen Konsonanten (26.2). Es ist möglich, daß die s-Laute im Altfranzösischen alveolar realisiert wurden.

N : Das Phonem |n| ist vor C, G durch die kombinatorische Variante [ŋ] vertreten.

I : Als Halbvokal ist i̯ im Lateinischen nur unbedeutend vertreten, erhält jedoch im Romanischen aus anderen Bereichen maßgeblichen Zuzug (12.1, 30.1). Wichtig ist festzustellen, daß I als Halbvokal wie [i̯i̯] realisiert wurde: MAIUS lautet |mai̯i̯us|.

V : Klassisch wurde V als [u̯], später labiodental als [w] realisiert. Auf diese Weise fielen V und B auf der gemeinsamen bilabialen Zwischenstufe [β] zusammen (sog. Betazismus). Im Französischen wird der feste Anlaut restituiert (24.2); in intervokalischer Stellung richtet sich die Lautung nach dem Kontext (13.1).

Trotz dieses Wandels von [u̯] > [w] ist der Halbvokal aus dem Inventar nicht zu streichen. Er besteht noch im Nexus QU (anlautend und inlautend), GU (inlautend nach N); seine Vertretung wird in der Folge beträchtlich verändert (13.2, 3, 25.4, 31.1). Das Inventar bleibt unverändert, es wechselt die Distribution.

23.3 Als Grundlage für den romanischen Konsonantismus ergibt sich aus diesen Erörterungen der folgende Phonembestand:

Ohne Bezug: L, R

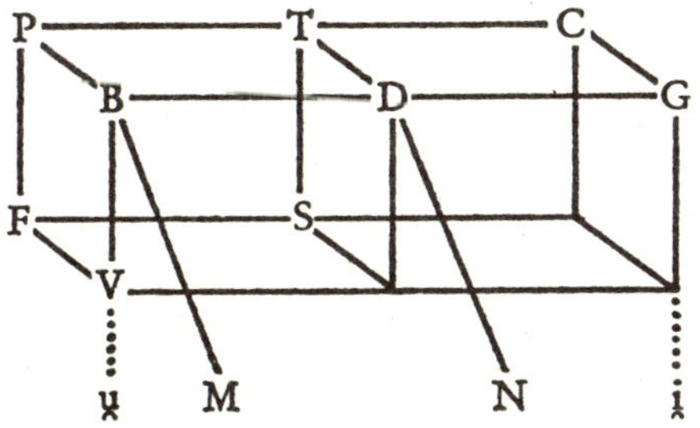

Das Lateinische besaß ursprünglich keine stimmhaften Reibelaute. Wie das obige Schema zeigt, wurde in der stimmhaften Reihe zwischen Okklusiven und Frikativen nicht unterschieden. Das Phonem V (d. h. [w]) gelangte erst durch die Konsonantierung des Halbvokals [u̯] sozusagen als Eindringling in den Bestand der Konsonanten. Dies wurde vermutlich zum Anlaß dafür, daß das klassische System in Bewegung geriet.

23.4 Die Konsonanz kann — unter Berücksichtigung der im Altfranzösischen gültigen Satzphonetik — in drei verschiedenen Stellungen auftreten:

(1)	anlautend	:	absolut (im Wortanlaut) relativ (intern nach Konsonant)
(2)	inlautend	:	(d. h. intern nach Vokal)
(3)	auslautend	:	absolut (in pausa) relativ (zum Anlaut des folgenden Wortes)

Die Stellung im Anlaut ist fest, diejenige im Inlaut schwach. Die Stellung im Auslaut ist sehr schwach, oft aber durch Morphemfunktionen gestützt.

23.5 Die im folgenden dargestellte Entwicklung führt im Altfranzösischen zu einem beträchtlich erweiterten Inventar. Man vergleiche das nachstehende Schema mit dem obigen (die Transkription entspricht derjenigen, die in den folgenden Paragraphen von Fall zu Fall verwendet wird).

	Okklusive	Frikative	Affrikaten	Nasale	Liquiden
Lab.	p b	f v		m	
Alv.dent.	t d	s z	ts dz	n n̮	l l̮ r
Pal.vel.	k g	h	tš dž		

24. Die Konsonanten im Anlaut

Der Stellung im absoluten Anlaut entspricht im Innern des Wortes die Stellung im relativen Anlaut (d. h. nach Konsonant). Die relativ anlautende Konsonanz wird gleich behandelt wie diejenige im absoluten Anlaut.

24.1 Die relativ anlautende Konsonanz tritt im Lateinischen in bestimmten Verbindungen auf. Diese können folgendermaßen dargestellt werden:

(1)

GUT	TA
RUP	TA
FAC	TA

(2)

POR	TA
MUL	TA
PLAN	TA
TES	TA

(1) Die Kombination Kons. + Dental wird im Französischen vereinfacht (27.1, 28.2). Der relativ anlautende Konsonant, durch den (im Silbenauslaut) vorangehenden Konsonanten gestützt, bleibt dabei erhalten.

(2) Die Kombinationen R, L + Kons., Nasal + Kons., S + Kons. sind im absoluten Anlaut nicht geduldet, bleiben im Inlaut jedoch erhalten. (Zu L 13.3, zu S **25.5**).

24.2 Tritt ein relativ anlautender stimmhafter Konsonant in den Auslaut, so wird er verhärtet, d. h. stimmlos (Auslautverhärtung).

GRÁNDE > *grant* FRÍG(I)DU > *froit*

LŎ́NGU > *lonc*

MÉ(N)SE > *mois* -V- > *-f* (**26.1**)

Im Falle von -CE (**26.3**), -C+i̯/T+i̯ (30.3) erscheint als sekundärer Auslaut -z.

CRŬ́CE > *croiz* TĔ́RTI̯U > *tierz*

PLÁCES > *plaiz* PLÁ(C)CE̯O > *plaz*

24.3 Im einzelnen ergeben sich im absoluten und im relativen Anlaut die folgenden Möglichkeiten:

Labiale :	PÁTRE > *pere*	TÁL	PA > *talpe, taupe*
	BŎ́NU > *buen*	TŬ́M	BA > *tombe*
	VÍNU > *vin*	CER	VÍSI̯A > *cervoise*
	FÁME > *faim*	IN	FÁNTE > *enfant*
	MÁTRE > *mere*	AR	MA > *arme*

Dentale :	TÉRRA > *terre*	RŬP	TA > *rote, route*
		CÒMPU	TÁRE > *conter*
	*DÁMU > *dain*	ŬN	DA > *onde*
	SÁBULU > *sable*	FÁL	SA > *false, fausse*
	NŎDU > *neu*	OR	NÁRE > *orner*
		*ÁLI	NU > *alne, aune*

Die anlautenden Dentalen und Labialen bleiben normalerweise erhalten. Zu beachten ist, daß B und V (nach 23.3) nicht zusammenfallen. Die lateinischen Phoneme C, G dagegen werden gespalten.

Vor nicht gerundeten palatalen Vokalen rückt die Artikulation nach vorn. G fällt mit i̯ zusammen. Es ergeben sich: (1) C, G + ᵃ > *ch* [tš] / *g, j* [dž]; (2) C, G + ᵉ˒ ⁱ > *c* [ts] / *g, j* [dž], wobei der Parallelismus in der Entwicklung von C und G hier aufgehoben wird; (3) C, G + ᵒ˒ ᵘ > *c* [k] / *g* [g]. — Der Laut [ts] wird noch in altfranzösischer Zeit zu [s] (30.3).

Palatale: (1)	CÁNE > *chien*	TOC	CÁRE > *tochier, touchier*
	CÁTTU > *chat*		
	CABÁLLU > *cheval*	BŬC	CA > *boche, bouche*
	GÁNTA > *jante*	PŪR	GÁRE > *purgier*
	GÁUDI̯A > *joie*		
	*GALĪNA > *geline*	VĪR	GA > *verge*
(2)	CÁELU > *ciel*	MER	CĒDE > *merci*
		RÁDĪ	CĪNA > *racine*
	GĔNTE > *gent*	IN	GĔNIU > *engin*
(3)	CŎRPUS > *cors*	RAN	CŌRE > *rancour, ranqueur*
	GŬTTA > *gote*	AN	GŬSTI̯A > *angoisse*

Vergleiche: VĬ́NDICĀ́RE > *vengier/venchier*, *DE·ĂCTICĀ́RE > *dachier*, CĂRRICĀ́RE > *chargier.*

Zu SC 30.3, zu NC'R, RC'R, NG'R 30.5.

Liquiden:	RATI̯Ṓ̂NE > *raison*	Zu L'R 32.1
	LŪ́NA > *lune*	MĔ́RULU > *merle*
		PĔ́SSŬLU > *pesle*

25. Die Konsonantengruppen im Anlaut

25.1 Lateinisch sind im Anlaut die folgenden Konsonantengruppen vertreten:

25.2	P B T D C G F	+ R
	P B C G F	+ L
25.3	D	+ i̯
25.4	C G	+ u̯
25.5	S	+ Kons.

Die nachstehend verzeichnete Entwicklung dieser Gruppen zeigt, daß im absoluten und relativen Anlaut romanisch nur noch der Nexus Kons.+L, R geduldet wird. Vgl. **29.1**; zu C, T+i̯ im relativen Anlaut **30.3**.

25.2 Der Nexus Kons.+R, L bleibt im Französischen erhalten. Die auftretenden Kombinationen lassen sich folgendermaßen darstellen:

Labiale :	PRŪ́NA > *prune*	ĀS	PERU > *aspre*
	BRĂNCA > *branche*	ĂR	BORE > *arbre*
	FRĀTRE > *frere*		
Dentale :	TRĬCHILA > *treille,*	MĬT	TERE > *metre*
	DRĂPPU > *drap*	VĔN	DERE > *vendre*

Palatale	:	CRÉDERE > *creire, croire*		
		GRÁNA > *graine*		

Zu NC'R, RG'R 30.5, zu SS'R 32.1.

Labiale	:	PLÉNU > *plein*	ÌM	PLĒRE > *emplir*
		BLÁNCA > *blanche*	AM	BULÁRE > *ambler*
		FLŐRE > *flour, fleur*	ÌN	FLÁRE > *enfler*
Dentale	:	29.4		
Palatale	:	CLÁVE > *clef*	BŬC	CULA > *bocle*
		GLÁNDE > *glant*	ŬN	GULA > *ongle*

Der Palatal entfällt im Nexus SC'L: MÁSCULU > *masle*, MÌSCULÁRE > *mesler;* ŬSTULÁRE > *usler* (29.4).

Der fränkische Reibelaut *h* wurde vor Konsonant als [χ] realisiert. In den französischen Entsprechungen stehen sich *f-* / *-* gegenüber: anfrk. *hlanka > *flanc* : anfrk. hring > *renc*. Man beachte *Flovis* < *Floevis* < Hludawiks, in „klerikaler" Adaptation *Chlodavicus* > *Cloevis, Clovis* und *Loois, Louis.*

25.3 Der Nexus D + i̯ fällt mit lateinischem i̯ zusammen. Das Ergebnis ist im Französischen mit demjenigen von G + e, i identisch (24.3).

<u>DI̯- > *j* [dž]</u>

DI̯ŬRNU > *jorn, jour*	(IN)DE̯·ŬSQUE > *jusque*
I̯AM > *ja*	

25.4 Der Nexus QU, GU verliert im absoluten und relativen Anlaut den labialen Bestandteil.

<u>QU > *qu, c* [k]</u>

QUÁLE > *quel*	ŬN	QUA(M) > *onque(s)*
QUÁNDO > *quant*	CÌN	QUE > *cinc*
*QUÉTU > *coi*		
QUŐMŎ(DO) > *com*		

GU- > *gu* [g]

LĬN | GUA > *lengue*
SÁN | GUE > *sanc* (24.2)

Das germanische *w* wird im Französischen durch GU ersetzt (Lautsubstitution): germ. *wardon* > *guarder*. Man beachte auch Fälle wie VÁDU > *gué* (× anfrk. *w a d), VAGĬNA > *guaine*.

Die Erhaltung des |k| vor palatalen Vokalen, die Tatsache also, daß QU+$^{e, i}$ nicht mit C+$^{e, i}$ zusammenfiel, geht auf einen analogischen Ausgleich innerhalb der einschlägigen Pronomina und Konjunktionen zurück. Der Anlaut von QUOD, vlt. *[ko(d)] und QU(I)A wurde auf QUI, QUE(M) übertragen. Dann wurde die von den beiden „cases vides" QUI, QUE herbeigeführte Phonologisierung auch für die übrigen mit QU anlautenden Lexeme maßgeblich. — Sekundär: *COÀCTICÁRE > *cachier*.

25.5 S impurum: Der Nexus S + Kons. erhält im absoluten Anlaut ein prosthetisches *e*-.

Ĭ·STÁTU > *esté* : TĔSTA > *teste*
Ĭ·SPÁTHA > *espee*
Ĭ·SCÁLA > *eschiele*

Der Vorgang ist satzphonetisch aufzufassen. Die Prosthese verändert die Silbenstruktur; der Unterschied zur Stellung im Inlaut wird damit aufgehoben (29.1). Das |s| verstummt in der Folge über [h] als Variante, die den Vokal kombinatorisch längt. (Vgl. **9.1**).

26. Die einfachen Konsonanten im Inlaut

Die einfachen Konsonanten im Inlaut, soweit es sich um okklusive handelt, werden sonorisiert (**26.1**). Die Stufe der Sonorisierung, die gemeinwestromanisch auftritt, wird im Französischen von den Dentalen und den Palatalen überschritten. Wichtig ist, dabei festzustellen, daß die Entwicklung über eine frikative Phase [β, δ, γ] führt. — Zu den Liquiden und Nasalen **27.2**.

26.1 Labiale: Alle Labialen fallen auf der Stufe [β] zusammen, die in verschiedenen Phasen erreicht wird. Danach wird [β] je nach dem Kontext assimiliert oder als *v* retabliert. Der Zusammenfall von B mit V ist schon lateinisch (**23.2**). Im sekundären Auslaut wird *-v-* zu *-f* verhärtet (**24.2**).

P > v

RÍPA > *rive* ÁPE > *ef*

B, V > *v* / -

In palatalem Kontext:

BĬBERE > *beivre, boivre* BĬBO > *beif, boif*

VĪVA > *vive* VĪVU > *vif*

In velarem Kontext:

*TABŌNE > *taon*

PAVŌNE > *paon*

MÀLIFÁTI̯U > *mauvais* behält F in intervokalischer Stellung (merowingisch auf der Stufe *-v-*), sofern nicht *MALIVATI̯U mit Bezug auf VATES angesetzt wird.

26.2 Dentale: Während S auf der sonorisierten Stufe verharrt (23.2), fallen die okklusiven Dentale in der archaischen Phase des Altfranzösischen aus. Der Ausfall vollzieht sich auch hier über verschiedene Stufen (27.1). — Zu beachten sind Graphien wie *aiudha* (Straßburger Eide), *lethece* (Alexius L 70).

T, D > -

VĪTA > *vie*

SŪDÁRE > *suer*

S > *s* [z]

CÁUSA > *chose* MĒ(N)SE > *mois* (24.2)

PE(N)SÁRE > *peser*

26.3 Palatale: C+^{e,i} wird im Vulgärlateinischen palatalisiert zu [tš], und zwar vor der Sonorisierung. Das Phonem C erscheint deshalb in einer palatalisierten (1) und in einer sonorisierten (2) Vertretung.

(1) C + ^{e,i} > *is* [i̯z]

*AUCĔLLU > *oisel* CRŬCE > *croiz* (24.2)

PLACĒRE > *plaisir* (7.2)

Die palatalisierte Affrikate lautet im Diasystem der Westromania [tś], sonorisiert [dź]. Der Verschluß wird in der Folge aufgegeben, und die Palatalisierung entfällt (z. B. *z* im Provenzalischen). Im Französischen tritt bei der Entpalatalisierung das palatale Element als i̯ an den vorausgehenden Vokal (bzw. der palatalisierte Laut zerfällt in die Komponenten *i̯* + *s*).

Zur relativen Chronologie: DĔCIMA > *disme* : VŎCITU > *vuit* (28.2)

(2) C + $^{a, o, u}$ > *i* / - (< *γ*)

*VERÁCA > *veraie*	PÁCAT > *paie*
	CÁCAT > *chie* (12.2)
PRĔCÁRE > *preiier*	PRĔCAT > *prie*
PLĬCARE > *pleiier*	PLĬCAT > *pleie*, *ploie*
SECŬRU > *sëur*	
LACTŬCA > *laitue*	
URTĬCA > *ortie*	
ANTĬCU > *anti(f)*	DĬC > *di*
LŎCO > *lues* (33.2)	ÁUCA > *oe*
FŎCU > *feu* (13.2)	

Das palatale Element löst sich in palatalem Kontext entweder nach i̯ auf oder wird assimiliert, in velarer Umgebung erscheint entsprechend u̯ (13.1).

Diese Behandlung gilt auch für G, das im Normalfall zu i̯ wird und mit lateinischem I̯ zusammenfällt. Das palatale Element verbindet sich auch hier mit dem Vokal und schließt die Silbe.

MAI̯U > *mai*	RADI̯U > *rai* (30.3)

G > *i* / - / *v*

PLÁGA > *plaie*	*DŬGAT > *duie*
MÁGIS > *mais*	

	LĔ́GIT > *lit*
*LAGÁRE > *laiier*	NĒGÁRE > *neiier, noier*
RŪ́GA > *rue*	
DŎ́GA > *doe, doue*	RŎ́GAT > *rueve*
CÒRROGÁTA > *corvée*	

Zur relativen Chronologie:

FẮCERE > **faistre* —	FẮCIT : **faist*	=	TẮCET	: *taist*
			VĬ́NCIT	: *veinst*
			*TŎ́RCIT	: *torst*
*FẮGERE > *faire* —	*FẮGIT : *fait*	=	FŪ́GIT	: *fuit*

Es scheint eine Reihe von Verben zu bestehen, die in Teilen des Paradigmas ein schwach realisiertes C voraussetzen. Wie FŪGERE, LĔGERE verhalten sich *DĪGERE, *DŪGERE, *DESTRŪGERE und *TRĂGERE. Vom lateinischen Paradigma her besteht dazu eine Stütze in Gleichungen wie *FAGERE : FACTUM = AGERE : ACTUM. (Vgl. jedoch **29.2**). — Beim Infinitiv *FAGERE beachte man die Kurzform *FARE.

Futurbildung: PLÀCER·ÁT > *plaira*, *TRÀGER·ÁT > *traira* (**42.2**).

27. Die Doppelkonsonanten im Inlaut

27.1 Die intervokalisch auftretenden Geminaten, soweit es sich um okklusive handelt, werden vereinfacht.

Labiale	:	CŬ́PPA > *cope*	
Dentale	:	GŬ́TTA > *gote* GRŎ́SSA > *grosse* [s]	MĬ́TTERE > *metre*
Palatale	:	BŬ́CCA > *boche*	

Wie diese Beispiele zeigen, erfolgt die Vereinfachung der Geminaten, genauer: die Kürzung der lateinischen Langkonsonanz, nach der Neuregelung der vokalischen Quantitäten (**5.1**). Im Hinblick auf die vulgärlateinische Opposition von langer und kurzer Konsonanz sind für das Französische im Inlaut die folgenden Veränderungen festzustellen:

T > d > D >	—	:	Sonorisierung
TT >	t	:	Degeminierung

Die Langkonsonanz (mit kurzem Vokal) und die Kurzkonsonanz (mit langem Vokal) tritt damit in eine neue Opposition (hier *t* / -); die Langkonsonanz wird entphonologisiert. Die neue Opposition ist qualitativ, der Vorgang als solcher dem Quantitätenkollaps der Vokale vergleichbar. Als Beispiel wiederum (3.2):

CŬPPA : CŪPA = *cope* : *cuve* |p| : |v|

Auf diese Weise stellt sich eine Art Phasenverschiebung ein, bei welcher die ehemaligen konsonantischen Längen an die Stelle der auf dem Wege über die Sonorisierung veränderten Kürzen nachrücken. (Ein ursächlicher Zusammenhang zwischen der Degemination und der Sonorisierung braucht deshalb nicht zu bestehen.)

27.2 Im Bereiche der Liquiden und Nasale bleibt die einfache Konsonanz unverändert. Die Degemination führt deshalb hier zum Zusammenfall der beiden Reihen. Im Altfranzösischen allerdings blieb *rr* als langgerollter Laut von *r* noch geschieden.

TÉRRA > *terre*	CÚRA > *cure*
NÚLLA > *nule*	VÉLA > *veile, voile*
FLÁMMA > *flame*	ÁMA > *aime*
PÍNNA > *pene*	RÁNA > *raine*

28. Die vereinfachten Konsonantengruppen im Inlaut

Außer den im vorhergehenden Kapitel behandelten Doppelkonsonanten werden auch andere im Lateinischen vertretene Gruppen vereinfacht. Es sind dies RS, NS und die Kombinationen mit Dental. Innerhalb des Französischen gehört in diesen Zusammenhang das sogenannte Dreikonsonantengesetz.

28.1 Der Nexus NS war schon im klassischen Latein nurmehr ein Relikt. Bei der Reduktion des N blieb S stimmlos (26.2).

(N)S > *s* [z]

PRĔHĔNSĪ → PRĔ́(N)SĪ > *pris*

MĔ́(N)SE > *meis, mois* (24.2)

In der Verbindung RS, soweit sie im Vulgärlateinischen vertreten ist, wird R in einigen Fällen (gegenüber ŬRSU > *ors* u. a.) reduziert.

RS > (S)S > *s*

DỌ̆RSU → DỌ̆SSU > *dos* SŬ́(R)SU > *sus* (24.2)

DẸ̑Ŏ(R)SU > *jus*

28.2 Kons. + Dental: In Verbindung mit einem Dental wird der vorausgehende Labial ausgeschieden. Dabei ist allerdings zu beachten, daß die labiale Konsonanz den Dental vorerst stützt, so daß er erhalten bleibt.

Dies gilt auch in sekundär entstandenen Gruppen. Vgl. DĔ́BET > *deit* < |deift| *dift*, Straßburger Eide. — Der Nexus MN erscheint im Französischen als *m*.

Der Palatal wird in primärer und sekundärer Verbindung mit einem Dental zu i̯. Diese Entwicklung hat im Lateinischen die Lockerung des Verschlusses von C zur Voraussetzung. (Es läßt sich in Frage stellen, ob ein Parallelismus bestanden habe zwischen CT > [χt] und PT > [φt], oder ob der Ausfall des Labials auf dem Wege über die Assimilation geschah.)

(1) **Labial + Dental**

P	T	RŬPTA > *rote, route*	CĂPITĀLE > *chatel*
			RĂPIDU > *rade*
			SĂPIT > *set*
P	S	CĂPSA > *chasse*	
B	T	SŬBTUS > *soz*	CĬVITĀTE > *cité*
			DĔ́BITA > *dete*
			LĔ́VET > *liet*
M	N	SŎ́MNU > *some*	HŎ́MINE > *ome*

Isoliert: RĔTINA > *redne, resne,* PĔDINU > *pesne*

ÁNIMA > *arme, ame*

(2) **Palatal + Dental**

C	T	FÁCTU > *fait*		VŎCITU > *vuit*
			NCT :	SÁNCTU > *saint*
			LC'T :	CŬLCITA > *coite / coute*
C	S	CŎXA > *cuisse*		

Zur relativen Chronologie **26.3**.
Vergleiche gegenüber VŎCITU: *ÁMICITÁTE > *amistié.*
Zu GM **30.2**, zu QU **31.2**.

Isoliert: FRĬGIDU > *froit,* RĬGIDU > *roit* (**20.2**)

28.3 Das altfranzösische Dreikonsonantengesetz: Fallen in einer Konsonantengruppe mehr als zwei Konsonanten sekundär zusammen, so wird der mittlere normalerweise eliminiert. Derartige Gruppen entstehen durch den Ausfall unbetonter Vokale zwischen oder nach dem Ton.

FŎRTI · MĔNTE > *forment*		(**19.1**)
HŎSPITE > *oste*	GÁLBINU > *jalne*	(**20.1**)
DŎRMIT > *dort*		(**21.1**)

(In archaischer Phase tritt das Dreikonsonantengesetz auch satzphonetisch in Erscheinung. Vergleiche *de sain batesma* bzw. *de saint batesme,* Alexius L 29; *ices secle* bzw. *icest siecle,* L 68 u. a.)

29. Die erhaltenen Konsonantengruppen im Inlaut

29.1 Soweit in den vorhergehenden Kapiteln von konsonantischen Kombinationen die Rede war, wurden zwei Typen für das Französische ausgeschieden (**27.1**, **28.2**), zwei weitere nach ihrer Kombinatorik getrennt. Letztere sind:

(1) Konsonantengruppen, die absolut und relativ anlautend nicht geduldet werden (**24.1**):

R, L + Kons.
S + Kons.
Nasal + Kons.

(2) Konsonantengruppen, die anlautend (absolut und relativ) geduldet werden, und zwar primär und sekundär (**25.1**):

Kons. + L, R

In allen genannten Fällen gilt die Konsonanz vulgärlateinisch als lang, der vorausgehende Vokal in geschlossener Silbe als kurz (**3.2**).

29.2 Festzustellen ist nun hier, daß der Nexus Kons. + L, R auch inlautend (d. h. nach Vokal) auftritt. Er gilt als Kurzkonsonanz, der vorausgehende Vokal somit in offener Silbe als lang. Zu beachten ist dabei das Verhalten des Vokalismus. Die Behandlung der Okklusiven entspricht in diesen Gruppen derjenigen der einfachen Konsonanten zwischen Vokalen (**26.1—3**). Merkwürdig ist, daß sich der Nexus Kons. + L nicht einheitlich einfügt. Die auftretenden Kombinationen lassen sich wie folgt darstellen:

Kons. + R:	CÁPRA > *chievre*	LḖPORE > *lievre*
	FḖBRE > *fievre*	LÍBERAT > *livre*
		VÍVERE > *vivre*
	PÁTRE > *pere*	ÍTERAT > *eire, oire*
		CLÁUDERE > *clore*
Kons. + L:	DŬ́PLU > *double* (**15.2**)	
	TRÍPLU > *treible / treble*	
		F(L)ḖBILE > *feible*
		CÁPULU > *chable*
		TÁBULA > *table*

Zur vokalischen Stütze im Auslaut **20.1**, **21.2**.

Die Palatalen werden auch hier nach ᶅ aufgelöst. Dabei wird L mouilliert (**30.4**).

SÀCRAMḖNTU > *sairement*	FÁCERE usw. **26.3**
FLAGRÁRE > *flairier*	

VĔ́CLU > *vieil* PARĬ́CULU > *pareil*

VĬ́GILAT > *veille*

29.3 Besonderheiten: Im Nexus CL kann L velarisierend wirken. Der Lautung TḖGŬLA > *teule* (Reichenauer Glossen; **13.2**) entspricht SÁE-CŬLU > *seule* (Eulalia); die Form *siecle* statt **sieille* ist gelehrt.

Ferner: RĒGŬLA > *reille* (palatal) / *riule, ruile* (velar) / *regle, riegle* (gelehrt).

Im Falle von SECĂLE wurde der kompakte Laut A offenbar später synkopiert als die Vokale Ŭ, Ĭ der oben genannten Lexeme. Daher *seigle,* mit E [, dessen Diphthong aus ungeklärten Gründen nicht zu *oi* weiterschritt (*seille, soille* sind dialektale Lautungen, die einer jüngeren, allerdings schon in altfranzösischer Zeit einsetzenden Palatalisierungsphase entstammen).

29.4 Der Nexus TL, DL ist im Lateinischen primär nicht vertreten. Sekundär:

T'L → CL : VĔTŬLU → VĔ́CLU > *vieil*

SĬTŬLA → *SĬ́CLA > *seille*

spät : SPẮTULA > *espaule* (mit [δl > l̯l > ul])

Vgl. halbgelehrt: TĬ́TŬLU > *title, titre*

D'L : QUERQUĒDŬLA → CERCḖDŬLA > *cercele*

MŎDUS → MŎ́DŬLU > *mole, moule*

30. Die inlautenden Konsonanten mit palatalem Element

30.1 Der Halbvokal i̯ entsteht aus lateinischem E, I im Hiat sowie aus Ç, G in bestimmten Positionen (**26.3, 28.2**). Seine Wirkung auf die unmittelbare Umgebung entfaltet sich grundsätzlich in zwei Richtungen: (1) als Halbvokal frei oder durch Entpalatalisierung von Konsonanten frei geworden verbindet sich i̯ silbenschließend mit dem Vokal im Ton (**12.1**) oder im Vorton (**18.2**); (2) i̯ palatalisiert die Konsonanz oder wird selbst konsonantisch.

(1) Im Normalfall palatalisiert i̯ die Konsonanz. Diese im französischen Diasystem vorausgesetzte Palatalisierung wird jedoch nur von *l*, *n* beibehalten. In den übrigen Fällen wird die Konsonanz entpalatalisiert, das palatale Element als [i̯], das sich mit dem vorhergehenden Vokal verbindet, wiederum abgeworfen.

ÁRE̯A > (ar̯e) > *aire* PÁLE̯A > *paille* [l̯]

Als Spezialfälle erscheinen hierbei D + i̯ und C, T + i̯ im relativen Anlaut (**30.3**).

(2) Bei Labialen und sporadisch auch in anderen Kombinationen verbindet sich i̯ nicht mit der vorhergehenden Konsonanz. Das palatale Element gelangt in den relativen Anlaut und wird selbst konsonantisch. Der neue Konsonant erhält gegebenenfalls eine vokalische Stütze (**21.2**).

Als Entwicklungsalternativen: *ÁLLI̯AT > *aille : alge*, *PRÉNDI̯AT > *preigne : prenge;* MǑRI̯O > *muir : muerc* (Rolandslied); VǏNDÉMI̯A > *vendeigne : vendenge.*

30.2 Labiale: In Verbindung mit Labialen wird i̯ im relativen Anlaut konsonantisch. Die vorangehende Konsonanz entscheidet jedoch über die Qualität [tš/dž] des neuen Konsonanten und fällt, soweit okklusiv, schließlich aus. Im Hinblick auf die Sonorisierung und Degemination (**27.1**) bedeutet dies, daß i̯ die vorangehende Konsonanz zunächst verdoppelte (und damit gleichzeitig die Silbe schloß). Der Vorgang ist belegbar: SÁPI̯AT > *sappia* (vlt. it.), *sapcha* (prov.), *sache* (fr.).

P + i̯ > *ch* [tš]

SÉPI̯A > *seche*
*PROPE̯ÁNU > *prochain*

B, V + i̯ > *g* [dž]

*RÁBI̯A > *rage* *LǓMBE̯A > *longe*
CÁVE̯A > *cage* SÁLVI̯A > *salge, sauge*

M + i̯ > *ng* [ndž]

SÍMI̯U > *singe* COMMḘÁTU > *congié*

SŎMNI̯U > *songe*

Im Nexus GM wird das palatale Element velar aufgelöst: SÁGMA > *saume*, FLḖGMA > *fleume*.

In einzelnen Fällen ist der intervokalische Konsonant so früh ausgeschieden, daß die Verbindung von i̯ mit dem vorausgehenden Vokal zustande kam (12.1): ATÁ(V)I̯A > *taie*, *A(V)I̯ŎLU > *aiuel*. — Schnellsprechformen: HÁBḘO > *ÁIO > *ai*, und analogisch DḖI̯O > *dei, doi*, SÁI̯O > *sai*, SŎI̯O > *sui* (mit *u* von *fui*).

30.3 Dentale und Palatale: Abgesehen vom Nexus D + i̯ (1) ergibt sich im Rahmen derjenigen Konsonanten, die in Verbindung mit i̯ zunächst palatalisiert werden (2), als Besonderheit (in der Westromania) der Zusammenfall von C + ${}^{e,\,i}$ mit C, T + i̯ (3).

(1) Im Nexus D + i̯ entfällt der konsonantische Bestandteil. Das Ergebnis ist daher mit demjenigen von lateinischem I̯ und intervokalischem -G- identisch (**26.3**).

HŎDI̯E > *ui*

STŬDI̯ÁRE > *estoiier*

Relativ anlautend entwickelt ist i̯ in HŎRDḘU > *orge* (**25.3**).

(2) Im Rahmen der oben als normal bezeichneten Entwicklung treten die folgenden Kombinationen auf:

<u>S + i̯ > *is* [i̯z]</u>

BASI̯ÁRE > *baisier* MA(N)SI̯ŎNE > *maison*

BÁSI̯AT > *baise*

Das vorgängig palatalisierte S ist sonorisiert und bildet in diesem Nexus die stimmhafte Opposition zu SS + i̯, dessen Konsonant als [s] erhalten ist:

<u>SS + i̯ > *iss* [i̯s]</u>

*BASSI̯ÁRE > *baissier*	PISCÍNA > *peissine*
*BÁSSI̯AT > *baisse*	FÁSCI̯A > *faisse*
Im Nexus ST + i̯ wird T assimiliert:	ANGŬSTI̯A > *angoisse*

T + i̯ > *is* [i̯z]

RATI̯ÓNE > *raison* TACÉRE > *taisir* (7.2)

Zum sekundären Auslaut 24.2.

(3) Die Kombination C, T + i̯, die nur im relativen Anlaut geduldet wird (25.1), fällt mit C + $^{e, i}$ im absoluten und relativen Anlaut (24.3) auf der Stufe [ts] zusammen. Dabei ist zu beachten, daß i̯ auch hier die vorausgehende einfache Konsonanz gern verdoppelt. In Fällen wie FACIES → FA(C)CIA > *face* zeigt das Verhalten der Konsonanz den Wechsel in der Silbenstruktur.

C, T + i̯ > *c* [ts]

*TRŬN	CI̯ÓNE > *tronçon*	CAN	TI̯ÓNE > *chançon*
CAL	CE̯ÁRE > *chaucier*	*AL	TI̯ÁRE > *alcier, haucier*
LÁN	CE̯A > *lance*	FŎR	TI̯A > *force*
		*MÁT	TE̯A > *mace*
GLÁ(C)	CI̯A > *glace*	*PLÁ(T)	TI̯A > *place*
FA(C)	CI̯O > *faz*		

Sekundär verändert sind PRĔTI̯U > *pris* (statt **priz*, mit *s* von *preisier*), PALÁTI̯U > *palais* (wie S + i̯, merovingische Aussprache des Lateins), PÁCE > *pais* (Kontamination mit PAX, lithurgisch).

Es bestand also altfranzösisch eine Opposition zwischen einer Affrikate |ts| und einem Reibelaut |s|, der vermutlich alveolar realisiert wurde. Dies gilt z. B. für CĔNTU > *cent* : SĔNTIT > *sent*, und ebenso für HŎSTIS > *oz* : ŎSSU > *os* (33.2). Der Laut [ṣ] affiziert die Qualität des vorausgehenden Vokals, später auch dessen Quantität, insbesondere bei Á]

(9.1). Als [ts] in altfranzösischer Zeit den dentalen Bestandteil verlor, mußte daraus eine Opposition zweier Reibelaute, etwa |ṣ| : |s| entstehen, die jedoch nicht phonologisiert wurde. Indes trat [ṣ] dank dem Ausfall im Auslaut und im Nexus S + Kons. stark zurück und fiel mit [ṣ] in einem frei realisierbaren Phonem |s| zusammen.

30.4 Liquiden und Nasale: Abgesehen von M, dessen Labialität das Verhalten von i̯ bestimmt (30.2), werden die Liquiden und der Nasal N durch i̯ palatalisiert. Im Gegensatz zu den übrigen Kombinationen bleibt die Mouillierung von *l, n* im Altfranzösischen jedoch erhalten. Für die Lautung zu berücksichtigen sind hierbei die verschiedenen Grapheme: *il, ill*, bzw. *gn, ign* u. a.

R + i̯ > *ir*

PÁRI̯A > *paire* CŎRI̯U > *cuir*

Relativ anlautend steht i̯ in Lautungen wie CĔRE̯U > *cierge*, FĔRI̯AT > *fierge*.

L + i̯ > *il(l)* [l̯]

MELI̯ŎRE > *meilleur*

FŎLI̯A > *fueille* AURĬCULA > *oreille* (29.3)

FĪLI̯U > *fil*

Zur Entpalatalisierung durch Gleitlaut 33.2.

N + i̯ > *(i)gn* [ɲ]

VĔNI̯AT > *viegne* DĬGNAT > *deigne*

MONTÁNE̯A > *montagne, montaigne*

Vergleiche: LĬNE̯A > *ligne*, LĬNE̯U > *linge*.

Im sekundären Auslaut wird das mouillierte *n* entpalatalisiert; das palatale Element verbindet sich dabei mit dem Tonvokal.

INGĔNI̯U > *engin* SĬGNU > *seing*

CŬNE̯U > *coin* PROPÁGINE > *provain*

30.5 Dreigliedrige Kombinationen mit i̯: Bei dreigliedrigen Kombinationen, die erhalten bleiben, kann es sich nur um romanisch zulässige Kombinationen handeln (**29.1**). In Frage kommen sekundäre Gruppen mit Kons. + R, die im Altfranzösischen vor allem bei der Morphologie des Verbs von Bedeutung sind. Angeführt sei hier je ein typisches Beispiel:

NC'R	:	VÍNCERE > *veintre*
RC'R	:	*TŎ́RCERE > *tortre, tuertre* CÁRCERE > *chartre*
SC'R	:	CRÉSCERE > *creistre, croistre*
NG'R	:	PLÁNGERE > *plaindre*
RG'R	:	SPÁRGERE > *espardre*

Zu NCT, LC'T **28.2**, zu SC'L **25.2**.

In diesen Lautungen tritt der Palatal sekundär, C +ᵉ auf der palatalisierten Stufe [ts], in den Nexus mit R. Dabei bleibt der dentale Bestandteil erhalten, indes das palatale Element entweder auf den Tonvokal wirkt oder assimiliert wird. Bei G +ᵉ erfolgt die Entwicklung parallel. Im Hinblick auf die Erweichung von G zu i̯ kann *-d-* hier auch als Gleitlaut aufgefaßt werden (**32.1**).

31. Die inlautenden Konsonanten mit velarem Element

31.1 Der Halbvokal u̯ geht auf unbetontes U im Hiat zurück und gilt als velares Element (**23.1, 2**). Es löst sich vokalisch nach *u*, konsonantisch nach *v* auf (**13.1**). Die Wirkung von u̯ ist jedoch beschränkt. In einer Anzahl von Fällen, zumal im Zuge der vulgärlateinischen Neuregelung der Quantitäten (**3.2**), fällt u̯ aus.

BA(T)TUĔRE, BÁTTĔRE > *batre*
FUTUĔRE → *FŬ́TTERE > *fotre, foutre*

CONSUĔRE → CŎ́(N)SERE > *cosdre, cousdre*

QUATUOR → *QUÁTTOR > *quatre*
MORTUU → *MŎ́RTU > *mort*

DUODECIM→*DŎDECI > *doze, douze* [dz]

*MÀNSUETĪNU > *mastin*

Verschiedene Lösungen:

VĬDUA > (vedve) > *veve* SŬÁVE > *soef*

*I̯ENUÁRIU > *jenvier*

DŬOS > *dous, deus*

31.2 QU, GU im Inlaut: Die Verbindungen QU, GU, soweit sie im Galloromanischen noch auftreten, entsprechen [ku̯], [gu̯]: es stehen sich ein palatales und ein velares Element unmittelbar gegenüber. Als Entwicklungsalternativen sind daher die folgenden Veränderungen in Aussicht zu nehmen: i̯ wird entweder als Palatal wirksam oder an u̯ assimiliert. u̯ seinerseits kann nach *u* vokalisiert oder konsonantisch als *v* realisiert werden.

ÁQUA > *aive / ewe*

ḖQUA > (ieiue) > *ive* SḖQUERE > *sivre, siure, sieure*

ANTĬQUA > *antive*

Im Falle von *SḖQUIT ergeben sich *sieut, siut* als normale Lautungen, *suit* dagegen ist adaptiert (13.2).

In anderen Fällen wird QU durch C ersetzt:

ANTĬCU > *anti(f)* (26.3)

*CŎCERE > *cuire* (26.3), CŎCU > *queu* (13.2)

*TŎRCERE > *tortre* (30.5)

*LÁ(C)CE̯U > *laz* (30.3)

31.3 Die Perfekte auf -UI: Die lateinischen Perfekte auf -UI erscheinen im Altfranzösischen anhand weniger Typen neu grammatikalisiert. Bei Verben mit Á als Stammvokal wirkt u̯ velarisierend (1). Bei Verben mit Ḗ, Ŏ im Stamm gerät u̯ in Konflikt mit dem Umlaut (10.1). Dabei erscheinen umgelautetes [ẹ] + u̯ (2) und umgelautetes [ọ] + u̯ (3) als *u* [ü]. Dieselbe Lautung entsteht auch aus der Verbindung von u̯ mit dem umgelauteten [ẹ] von -UĬSTĪ. Auf diese Weise ergeben sich für den Perfektstamm im Altfranzösischen die folgenden Muster (40.2):

(1)	HÁBUĪ > (au̯u̯ī) > *oi*	HABUĬSTĪ > *oüs, eüs*
(2)	DÉBUĪ > (dẹu̯u̯ī) > *dui*	DEBUĬSTĪ > *deüs, doüs*
(3)	MŎV·UĪ > (mọu̯u̯ī) > *mui*	MOV·UĬSTĪ > *moüs, meüs*

32. Die konsonantischen Verbindungen mit Gleitlaut

32.1 Beim Ausfall der unbetonten Vokale in Proparoxytonis (20.1) und im Zwischenton (19.1) entstehen sekundäre Konsonantengruppen, die dem Französischen nicht in allen Fällen geläufig sind. Derartige Gruppen werden eingepaßt, und zwar in die im relativen Anlaut einzig verfügbaren Kombinationen Kons. + L, R (29.1). Die konsonantische Epenthese (Gleitlaut) erhält je nach dem Kontext eine andere Basis.

Labiale Basis: M'L, M'R

*CRĔMERE > *criembre*	MÁRMORE > *marbre*
TRĔMULAT > *tremble*	*ĬNSĔMUL > *ensemble*

Dentale Basis: SS'R, S'R, N'R, L'R

*ĔSSERE > *estre* [s]	ĔXIR·ÁT > *eistra*
CŎ(N)SERE > *cosdre* [z]	PRÉS·ERUNT > *prisdrent* (*pristrent*)
CĬNERE > *cendre*	VĔNIR·ÁT > *vendra*
*CŎLURU > *coldre, coudre*	TŎLLER·ÁIO > *toldrai, toudrai*

Palatale Basis: N'L

SPĬNULA > *espengle*

32.2 Bei -*s* erscheint (morphologisch konditioniert) ein Gleitlaut mit dentaler Basis. Dasselbe gilt für mouillierte *l, n,* wo der Dental als entpalatalisierende Epenthese auftritt (33.2). — Dreigliedrige Gruppen mit palatalem Element 30.5.

33. Die Konsonanten im Auslaut

33.1 Die Stellung im absoluten Auslaut ist derjenigen im Silbenauslaut vergleichbar. In der Entwicklung zum Altfranzösischen erweist sich diese Stellung als schwach. In einsilbigen Lexemen hat die Erhaltung des Auslautkonsonanten zumeist eine im Vulgärlateinischen auftretende vokalische Stütze (Paragoge) zur Voraussetzung.

Im lateinischen (d. h. primären) Auslaut erscheinen die Dentale -T, -D, -S, der Palatal -C sowie die Liquiden und Nasale. Dabei ist zu beachten, daß die Dentalen sowie -M und -R auch Morpheme sind. Das Altfranzösische behält in dieser Funktion nur *-t* und *-s.*

In archaischer Phase wurden die Okklusiven satzphonetisch variiert. In der Stellung vor Konsonant tritt Assimilation ein, vor Vokal dagegen entsteht (wie intervokalisch im Wort) der entsprechende Frikativlaut, der in der Folge verschwindet. In der graphischen Tradition werden die Reibelaute nur behelfsmäßig dargestellt. — Einige Beispiele (Alexius, L):

UBI	*u t'alge* (134) : *ov ert* (55)
ET	*e iustise & amor* (2)
QUID, QUOD	*qued est devenut* (107) *quet il s'en seit turnet* (65)
NEC (× ET)	*ne por or ned argent* (Eulalia)

Wie ET verhalten sich ursprünglich auch AD, AUT.

33.2 Dentale: Im Rahmen der Dentalen sind -T, -S zufolge ihrer Morphemfunktion besonders widerstandsfähig. Dagegen fällt -D, soweit es nicht satzphonetisch variiert und wie im Inlaut behandelt wird, ohne Spur aus: ÁLID > *el,* (ÍL)LUD > *lo, le* (neutrum). — Isoliert: CAPUT → CAPUS.

<u>-T > *-t* / -</u>

ÁMAT > *aime*	ÁMANT > *aiment*
DǑRMIT > *dort*	

Die unterschiedliche Behandlung resultiert aus dem Kontext. Archaisch ist *-t* mit dem Lautwert [ϑ] auch nach Vokal noch vertreten.

Andererseits ist zu beachten, daß die konsonantische Stütze des -T auch indirekt erfolgen kann: DǑRMIT > *dort* vergleichbar sind *FÁGIT > *fait* (mit i̯), VĪDET > *veit, voit* (mit δ).

In Fällen wie -Á(VI)STĪ > *-as,* FŬ(I)STĪ > *fus* ist der Schwund des -T durch die Neuregelung der Morphemfunktionen bedingt. Aus dem selben Grunde hält sich *-t* in HAB·É(B)AT > *-eit, -oit* (36.3).

-S > *-s* / *-z*

(1)	ÁMAS > *aimes*	AMÁTIS > *amez*
	DǑRMIS > *dors*	
(2)	MŪRUS > *murs*	MŪROS > *murs*
	*PǑNTIS > *ponz*	TĔRRAS > *terres*
(3)	FǑRIS > *fors/fuers*	*LǑNGAS > *longes*

Das auslautende -S bleibt erhalten. Es fungiert als Morphem in der Konjugation (1) und in der altfranzösischen Zweikasusflexion (2). Bei einer Anzahl von Adverbien kennt das Altfranzösische außerdem ein adverbiales *-s*, das in einigen wenigen Fällen mit dem *-s* eines vulgärlateinischen Morphems -*AS zusammentrifft (**44.1**).

Das Graphem *z* entspricht der Lautung [ts]. Diese ist entweder etymologisch (1) oder in Verbindung mit einer dentalen Epenthese (**32.2**) entstanden (2). Als Besonderheit ist dabei anzumerken, daß die Epenthese bei mouillierten *l, n* entpalatalisierend wirkt (3).

(1)	-ÁTUS > *-ez*	(EC)CE·ĪSTOS > *cez*
	PĔRDIS > *perz*	NǑSTROS > *noz*
		HǑSTIS > *oz*
(2)	ÁNNUS > *anz*	CǑRNU·S > *corz*
(3)	MĔLI̯US > *mielz, mieuz*	PŬGNOS > *poinz*
	FĪLI̯US > *filz, fiuz*	

Das flexivische *-s* verändert (im Sinne der Verbindung Kons. + Dental, **28.2**) die stammauslautende Konsonanz.

SĔ́RVUS > *ser(f)s* VĪ́VUS > *vi(f)s*
SÁCCUS > *sa(c)s*

33.3 Palatale: Im absoluten Auslaut erscheint lateinisch nur -C. Der Laut hat keine morphematische Funktion und ist in dieser Stellung isoliert. Er bleibt nur dann erhalten, wenn er durch Paragoge eine vokalische Stütze erhält.

HŎC > *o*

(EC)CE·HŎC > *ceo, ce* (**45.2**) : *APO·HŎ́C·O > *avuec*
*POR·HŎ́C·O > *poruec*

Dazu sind hier die folgenden einfachen und verstärkten Formen zu nennen:

(IL)LÁC > *la/lai* mit *i* von HĪC)
(EC)CE·HĪ́C > *ci*
(EC)CE·HÁC > *ça*
NEC > *ne*
SĪC > *si* *ALE·SĪ́C > *aussi*
ÁLITER·SĪ́C > *altresi*
AC·SĪ́C > *aissi*
ECCE·SĪ́C > *eissi*
IN·SĪ́C > *ensi*

33.4 Liquiden: Die hier vertretenen Lexeme werden in eine dem Romanischen geläufige Wortstruktur überführt. Die lateinischen Einsilber werden dabei durch Paragoge erweitert.

CŎ́R·E > *cuer* : SŎ́RO(R) > *suer*
MĔ́L·E > *miel*

Analog: RĔ́N·E > *rien* : NŎ́ME(N) > *nom*

Von den Nasalen abgesehen (**33.5**) wäre in diesem Zusammenhang auch auf TRÉS · E > *treis, trois* gegenüber NŌS, VŌS (**9.1**) hinzuweisen.

Die Erhaltung von -R in den Partikeln PER > *par*, PER × PRO > *por, pour* ist satzphonetisch zu verstehen.

In Mehrsilbern wird der Auslautvokal mit -R durch Metathese in die Formel Kons. + Stützvokal überführt (21.2).

PÁTER > *pere* SĔ́MPER > *sempre(s)*
MÁI̯OR < *maire* *QUÁTTOR > *quatre*

33.5 Nasale: Im Gegensatz zu -N war -M im Lateinischen ursprünglich Morphem. Es lautete jedoch schon im klassischen Latein nicht mehr konsonantisch und bezeichnete als Graphem die Längung des Ultimavokals. In mehrsilbigen Lexemen sind die auslautenden Nasale verschwunden.

MŬ́RU(M) > *mur* NŎ́ME(N) > *nom* (33.4)

In Einsilbern erscheint -M als *-n*:

RĔ́M > *rien* (33.4)
MĔ́UM > *mien* *MŬM > *mon*

Isoliert steht I̯AM > *ja* (22.2). Satzphonetischen Bedingungen entsprechen *nen, ne / non* < NON.

33.6 Wie in der archaischen Phase des Altfranzösischen (**33.1**), so findet man in der späteren (mittelfranzösischen Phase) wieder die Variation der auslautenden Konsonanz. Dabei gilt im Prinzip, daß der Konsonant vor Konsonant fällt, vor dem Vokal des folgenden Wortes jedoch als Verbindung bleibt. Dies ist die Voraussetzung für das Phänomen der *liaison* (und in der Folge auch für die Eigenart der Syllabierung im Neufranzösischen).

Formenlehre

Das Verbum

34. Die Klassifikation der Konjugationen

34.1 Die lateinischen Konjugationsklassen bleiben im Französischen erhalten:

I -Ā́RE	II -Ḗ RE	III -Ĕ́RE	IV -Ī́RE
-er *-ier* (**8.1**)	*-eir, -oir*	*-re*	*-ir*

Die in diesem Schema verzeichneten Endungen werden als Morpheme des Infinitivs verallgemeinert. Dies gilt für die Deponentien (MĪNARĪ → MĪNĀ́RE, SĔQUĪ → SĔ́QUĔRE, MŎRĪ → MŎRĪ́RE etc.) und für einige isolierte Formen:

ES·SE → ESS·ĔRE > *estre* (**23.2**)

und entsprechend:

VELLE → VŎLḖRE > *voleir* nach VŎL·E̯O/-UĪ

POSSE → PŎTḖRE > *poeir* nach PŎT·E̯O/-UI

Ferner:

ŎFFĔRRE → Ŏ́FFERĪ́RE > *ofrir*

SŬFFĔRRE → SŬ́FFERĪ́RE > *sofrir (sosfrir)/soferre* < *SUFFĔ́RĔRE

Die Konjugationen II und III sind erstarrt. I bleibt offen für Buchwörter (mots savants) und direkte Latinismen (AFFLĪ́GĔRE > *aflire/affliger* 16. Jh.). Nach I (gemäß **19.2**) und IV (z. B. *abelir*) gehen die parasynthetischen Bildungen des Romanischen, d. h. solche, die aus einem Präfix, einem nominalen Wortstamm und einer Verbalendung zusammengesetzt sind.

34.2 Zuordnung: Die Zuordnung der einzelnen Verben auf die verschiedenen Konjugationsklassen ist — teils schon lateinisch — gewissen Schwankungen unterworfen. Dabei sind im Romanischen zwei Grundtendenzen festzustellen: der Austausch von II und III, analogisch in Anlehnung an geläufige Formen (PRÉNDĔRE, PĔ́RDĔRE; CRÉSCĔRE; HABÉRE), und der Übergang von II, III nach IV, letzteres unter dem Einfluß des Inchoativs (**34.6**) und der Verben mit i̯ in der ersten Person des Präsens (-E̯O bei II, -I̯O bei III, IV).

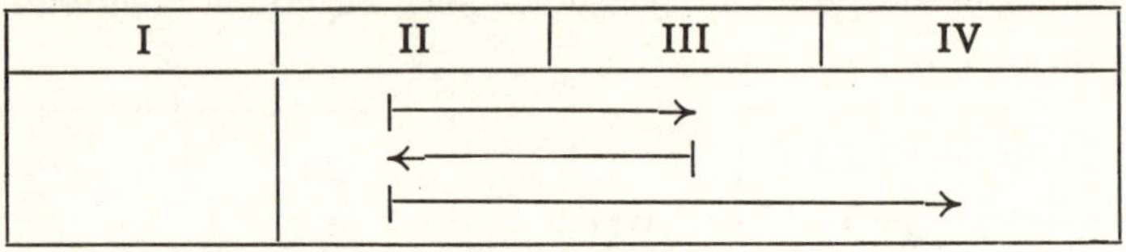

Diese Bewegungen lassen sich wie folgt exemplifizieren:

(1) II → III Unter der Voraussetzung entsprechender Formen des Vulgärlateins sind die folgenden Fälle zu verzeichnen (in der linken Spalte nach PRÉNDĔRE, in der rechten nach CRÉSCĔRE **30.5**):

MŎ́RDĔRE > *mordre* DŎ́CĔRE > *duire* (**26.3**)

RESPŎ́NDĔRE > *respondre* MÍSCĔRE > *meistre*

RÍDĔRE > *rire* TĔ́RGĔRE > *terdre*

TŎ́NDĔRE > *tondre* TŎ́RCĔRE > *tortre*

(2) III → II In Analogie zu HABÉRE:

SAPÉRE > *saveir* PLOVÉRE > *ploveir*

CADÉRE > *cheeir*

Zu verzeichnen sind außerdem einige Dubletten (wie oben TĔ́RGĔRE, das schon klassisch neben -ÉRE belegbar ist).

ARDÉRE/-ĔRE > *ardoir/ardre*

MANÉRE/-ĔRE > *manoir/maindre*

(3) II → IV Die hier anfallenden Formen gehen entweder nach -E̯O (in der linken Spalte), oder sie beruhen auf dem Inchoativ (rechte Spalte).

COMPLḖRE > *complir* FLORḖRE > *florir* (**36.4**)
GAUDḖRE > *joir* PŪTḖRE > *puïr*
ĪMPLḖRE > *emplir* PŪTRḖRE > *porrir*
MERḖRE > *merir*
RE·POENITḖRE > *repentir*

(4) III → IV Außer der erwähnten Analogie zu -I̯O treten hier auch Infinitive auf, die schon lateinisch in IV belegbar sind.

CŎ́LLĬGĔRE → *cœillir*
cueillir
CŬ́PĔRE/-ĪRE > *covir* *coveitier* als Ableitung von CŪPĬDITAS (bzw. *CŪPĬDIETAS)
FÁLLĔRE → -ĪRE > *falir*
→ -ḖRE > *faloir*
FŎ́DĔRE/-ĪRE > *foir*
FŬ́GĔRE/-ĪRE > *foir, fuir*
MŎ́RĪ/-ĪRE > *morir*
RÁPĔRE → -ĪRE > *ravir*
VĔ́RTĔRE → -ĪRE > *vertir*

(5) Die Eingliederung der Verben germanischer Herkunft in das System des Romanischen erfolgt nach demselben Prinzip. Nicht jodierte Stämme gehen nach I, jodierte dagegen nach IV.

wardôn > *guarder* hatjan > *haïr*
kausjan > *choisir*

34.3 Erweiterungen des Inventars von I: Das Inventar der Verben auf -ARE wird mit Hilfe von Suffixbildungen erweitert. Die lautliche Struktur dieser Suffixe ist derart, daß sich der Tonvokal nach dem Bartsch'schen Gesetz verhält (**8.1**).

(1) -I̯ÁRE, eine Adjektivableitung nach dem Muster des Komparativs (im Sinne von ALTUS, ALTIOR). Die hier verzeichneten Formen sind alle mit Sternchen zu versehen.

ALTI̯ÁRE > *haucier* (mit *h* nach **23.2**)

BASSI̯ÁRE > *baissiẹr*

CAPTI̯ÁRE > *chacier* (zu CAPTUS)

EX·CLÀR·I̯ÁRE > *esclairier* (**19.2**)

(2) -ÌCÁRE, eigentlich ein Intensivum. Einige Formen sind schon im Spätlateinischen belegbar (linke Spalte), andere sind mit Sternchen zu versehen (rechte Spalte).

CABÀLLICÁRE > *chevauchier*	BÙLLICÁRE > *bolgier, bougier*
CÀRRICÁRE > *chargier*	EX·CLÀR·ÌCÁRE > *esclargier* (**19.2**)
CÒLLOCÁRE > *colchier*	NÌVÌCÁRE > *negier*

Zur relativen Chronologie (**24.3**):

VÌNDÌCÁRE > *venchier/vengier*

(3) -ÌDI̯ÁRE, aus dem Griechischen übernommen, findet sich zunächst in Wörtern der Kirche.

ÀUCTOR·IDI̯ÁRE > *otroiier*

In Buchwörtern lautet das Suffix *-iser*.

34.4 Phonologische Bedingungen in III: Die Akzentverhältnisse in der dritten Konjugation bedingen zufolge der Synkope der Nachtonvokale (**20.1**) ein Zusammentreffen des Stammauslautes mit dem R der Endung. Daraus ergeben sich einige Besonderheiten. Parallel dazu findet man oft auch das Ausweichen nach IV.

(1) Bei Labialen entsteht lautgerecht der Nexus Kons.+R (**26.1**):

BÌBÈRE > *beivre/boire*

SCRÌBÈRE > *escrivre/escrire* ~ *lire, dire*

RECĬ́PĔRE > *receivre/recevoir*
~ fut. *recevrai* < RECĬ́PER·Ā́I̯O

(2) Formen mit Gleitlaut auf labialer Basis (**32.1**):

GĔ́MĔRE > *giembre/geindre/gemir*
PRĔ́MĔRE > *priembre/priendre/preindre*
*RE·AD·Ĕ́MĔRE > *raiembre*
TRĔ́MĔRE > *criembre/criendre, craindre/cremir*

(3) Formen mit Gleitlaut auf dentaler Basis (**32.1**):

SŎ́LVĔRE > *soldre* — Ĕ́SSĔRE > *estre*
TŎ́LLĔRE > *toldre/tolir*
MŎ́LĔRE > *moldre, moudre*

(4) Formen mit palatalem Kontext:

CŎ́LLĬGĔRE > *cueildre/coillir, cueillir* (**34.3**)
Die unterschiedliche Morphologie beruht auf dem Einfluß von stamm- bzw. endungsbetonten Formen (**35.2**)

SUFFĬ́CĔRE > *sofeire*
FẮCĔRE → *FẮGĔRE (**26.3**)
SĔ́QUĔRE (**31.2**)
Kons.+C'R, G'R (**30.5**)

(5) Die sekundäre Kombination R'R (**20.1**):

QUẮĔRĔRE > *querre/querir*
CŬ́RRĔRE > *corre*

34.5 Phonologische Bedingungen für II → IV: Mit C als Stammauslaut führt die Lautentwicklung automatisch nach IV (**7.2**).

IACÉRE > *gesir*	PLACÉRE > *plaisir/plaire*
LICÉRE > *leisir*	TACÉRE > *taisir/taire*
MUCÉRE > *moisir*	LUCÉRE > *luisir/luire*
	NOCÉRE > *nuisir/nuire*

Bei den in der rechten Spalte genannten Verben erkennt man den analogischen Einfluß von Formen wie *faire* bzw. *cuire*.
Isoliert: TĒNÉRE > *tenoir/tenir* ~ *venir*

34.6 Zum Inchoativ: Das Infix -SC- des lateinischen Inchoativs (vgl. FLORÉRE, -ÉSCERE) verliert seine Bedeutung. Doch erhält sich die Lautung — z. T. analogisch — und dient der Stabilisierung des Paradigmas. Nicht inchoativische Formen werden „unregelmäßig". Als Beispiel die folgenden zwei Schemen:

(1) -ÍSCO, -ÍSCIS, -ÍSCIT, [-, -], -ÍSCUNT
fenis, fenis, fenist, [*fenissons, fenissez*], *fenissent*

(2) -O, -ÍS, . . . (**36.1**)
dorm, dors, dort, [*dormons, dormez*], *dorment*

35. Grundschemen der Paradigmenbildung

Bei der Organisation der Paradigmen sind im Altfrz. zwei Umstände von besonderer Bedeutung: das gegenüber dem Lateinischen veränderte Tempussystem und die Folgen der Phonologisierung des Akzents. Beide sind im Zusammenhang mit der Umstrukturierung vom Lateinischen zum Romanischen zu sehen.

35.1 Zum Tempussystem: Das ursprünglich aspektuell orientierte lateinische Tempussystem wurde im Romanischen umgestaltet. Morphologisch gesehen steht die Tatsache zur Diskussion, daß bestimmte Formen sich fortsetzen, während andere in neue Muster eingepaßt werden. Nebenbei sei bemerkt, daß der Wandel offenbar von der Doppelfunktion des Perfekts in Gang gebracht wurde. (Die Doppelfunktion umfaßt das eigentliche Perfekt und den Aorist).

In den zwei folgenden Schemen sind die nicht fortgesetzten Formen eckig geklammert, die romanischen im Gegensatz zum Lateinischen normal gesetzt. I bezeichnet das Infectum, II das Perfectum.

(1) Paradigmen des Indikativs:

	Vergangenheit	Gegenwart	Zukunft
I	AMABAM	AMO	[AMABO] amare habebo
II	[AMAVERAM] habebam amatu	{ AMAVI habeo amatu }	[AMAVERO] amare habebam

(2) Paradigmen des Konjunktivs:

I	↑ [AMAREM]	AMEM	—
II	AMA(VI)SSEM habuissem amatu	[AMAVERIM] habeam amatu	—

35.2 Akzentverhältnisse: Der aus dem Lateinischen übernommene Wortakzent (**4.2**) wirkt sich in den Konjugationen in der Weise aus, daß je nach der Lage des Akzents stammbetonte (sog. starke) und endungsbetonte (sog. schwache) Formen auftreten. Dies gilt für die Alternation der Stämme im Präsens (**37.0**) und für die Bildung des Perfekts (**36.4**), das sich seinerseits aus starken und schwachen Stämmen zusammensetzt.

Beim analogischen Ausgleich der Stämme untereinander geschieht dies normalerweise zu Gunsten der stammbetonten Form. Man vergleiche:

ÁMO	*aim*		FḖCĪ	*fis*	
ÁMAS	*aimes*		FĒCÍSTĪ		*fesis*
ÁMAT	*aime*		FḖCIT	*fist*	
*AM·Ŭ́MUS		*amons*	*FĒCÍMUS		*fesimes*
AMÁTIS		*amez*	FĒCÍSTIS		*fesistes*
ÁMANT	*aiment*		*FḖCĒRŪNT	*fistrent* (**2.2**)	

36. Die Personalendungen

Wir gehen im folgenden die Personalendungen des Lateinischen und ihre Vertretungen im Altfranzösischen im einzelnen durch. Dies ist von der

Struktur des Lateinischen her möglich und auch gerechtfertigt. Doch verwischt sich die klare Trennung von Stamm und Endung (Lexem und Morphem) aufgrund der Akzentverhältnisse zunehmend bereits in altfranzösischer Zeit. Die Endungen als solche sind etymologisch (d. h. lautgerecht), in einigen Fällen analogisch umgestaltet.

36.1 Das Präsens des Indikativs: Die Formen lassen sich — hier wie in den folgenden Paradigmen — am besten schematisch darstellen.

(1) Die erste Person des Singulars:

-O	-O	-O	-O
-ø / -e	*-ø*		

Die Endung ø Null ist lautgerecht, da das -O ein Vokal im Auslaut ist (**21.1**). Das *-e* in I ist ein Stützvokal, der sich aufgrund der bekannten zwei bzw. drei möglichen Fälle regelmäßig ergibt:

ĪNFLO > *enfle* (**21.2**) TRĔMULO > *tremble* (**29.2**)
DŬBITO > *dote* (**20.1**)

Die Verallgemeinerung des *-e* in I ist analogisch, diente offenbar aber gleichzeitig der Erhaltung der Lautform des Stammes. Analogisch ist auch das in II—IV in der Folge auftretende *-s*, ausgehend vom Inchoativ (**34.6**) und von regelmäßigen Lautungen wie CRĒSCO > *crois* (*croiz*), PŎSSI̯O > *puis*.

(2) Die zweite Person des Singulars:

-AS	-ĒS	-ĬS	-ĪS
	-ES		
-es	*-s / -z*		

Die Lautung -z erscheint in Verbindung mit Dentalen, moulliertem *l*, *n* (**33.2**) und -C im Stammauslaut (**24.2**):

CRĒDIS > *creiz, crois* CŎLLĬGĬS > *cueilz*

PÁRTIS > *parz*

PLÁNGIS > *plainz*

DÍCIS > *diz*

FÁCIS > *faiz* (26.3)

Erinnert sei in diesem Zusammenhang auch an das Dreikonsonantengesetz (**28.2**) und an den Vergleich mit dem *-s* der Flexion (**33.2**):

DÓRMIS > *dors*

VÍVIS > *vis*

(3) Die dritte Person des Singulars:

-AT	-ĒT	-ĬT	-ĪT
	-ET		
-e	*-t*		

Diese Endungen sind lautgerecht (**33.2**). Das *-t* in II—IV hält sich während der ganzen Phase des Altfranzösischen, auch z. B. bei VÍNCIT > *veint*. (Die späteren Veränderungen, d. h. der teilweise Ersatz durch *-d*, sind analogisch).

ÁMAT > *aime*

VÍDET > *veit*

PÉRDIT > *pert*

DÓRMIT > *dort*

(4) Die erste Person des Plurals:

-ÁMUS	-ḖMỤS	-Ĭ́MUS	-Ī́MUS
-Ŭ́MUS			
-ons			

Es handelt sich hier nach üblicher Auffassung — neuere Erklärungen liegen vor — um eine analogische Übertragung von -ÚMUS, und zwar in Anlehnung an SÚMUS (**39.2**). Reste der etymologischen Formen findet man im Konjunktiv (**36.2**). Im Hinblick auf die Konstitution der Paradigmen (**35.2**) sind Beispiele wie die folgenden in Betracht zu ziehen:

CANTÁMUS > **chantains* ∼ *chantons*
CIRCÁMUS > **cherciens* ∼ *cherchons*
FÁCĬMUS > **faismes/faimes* ∼ *faisons*
DÍCĬMUS > **dismes/dimes* ∼ *disons*

(5) Die zweite Person des Plurals:

-ÁTIS	-ÉTIS	-ĬTIS	-ÍTIS
-ÁTIS *-ez/-iez*			

Die Lautung *-iez* entsteht nach dem Bartsch'schen Gesetz (**7.1**). Die etymologischen Formen aus -ÉTIS > *-eiz*, *-oiz*, und -ĪTIS > *-iz*, sind dialektal belegbar (Ostfranzösisch).

Fossilisierte Formen:

DÍCĬTIS > **distes/dites*
FÁCĬTIS > **faistes/faites*

(6) Die dritte Person des Plurals:

-ANT	-ENT	-ŬNT	-ŬNT
-ENT/-ŬNT *-ent*			

Die Endung -ŬNT wird generalisiert. Doch gibt es deutliche Spuren von -ENT. Als Beispiel (nach **26.3**):

PLÁCENT > *plaisent* (nicht **plaient*)

gegenüber

DÍCUNT > *dient*. Vgl. **38.3.**

36.2 Das Präsens des Konjunktivs: Im Altfranzösischen ist der Konjunktiv vom Indikativ morphologisch noch deutlich unterschieden. Beim Übergang zum Neufranzösischen wurde das Paradigma in der Folge analogisch umgestaltet.

(1) Bei den stammbetonten (sog. starken) Formen unterscheidet sich der Konjunktiv vom Indikativ durch die umgekehrte Verteilung der Themavokale I/II—IV. Dies bedingt auch die umgekehrte Verteilung der Personalmorpheme der 3. Person des Singulars, *-t/-e*.

I	II	III	IV
-Ē-	-Ă-		
-ø/-e	*-e*		
-s/-z	*-es*		
-t	*-e*		
-ent	*-ent*		

Bei I ist auf den Umstand zu achten, daß der Ausfall der Nachtonvokale (**21.1**) dem lautlichen Kontext entsprechende Veränderungen im Stamm herbeiführt.

NŎDES > *neuz* LĔVET > *liet* (**28.2, 37.1**)

TŎRNES > *torz* ÁMET > *aint*

In II—IV verbindet sich das palatale Element mit dem Stamm, und nicht mit dem (unbetonten) Vokal der Endung (**30.1**).

VĔNIAT > *viegne* PLÁNGAT > *plaigne*

VĬDẸAT > *veie, voie* CRÉSCAT > *croisse*

PŎSSỊAT > *puisse*

Dabei kommt es auch zu Umbildungen, und zwar in Anlehnung an die Formen des Indikativstamms:

PLÁCẸAT > *place* (**30.3**)/*plaise*

NŎCEAT > **noce/nuise*

LĔGAT > **lie/lise*

RECĬPỊAT > **receche/receive*

(2) Die endungsbetonten (sog. schwachen) Formen entsprechen denjenigen des Indikativs.

-Ŭ́MUS > *-ons* -ÁTIS > *-ez/iez*

Man findet jedoch auch etymologische Formen, die regional auftreten (und die bei der Umstrukturierung zu nfrz. *-ions, -iez* eine entscheidende Rolle spielten).

-Pal.+ÁMUS, -E̯ÁMUS, I̯ÁMUS > *-iens*

-ÉTIS > *-eiz, -oiz* (z. B. bei Chrétien)

(3) In der Phase der normannischen und der anglonormannischen Literatursprache gibt es Konjunktive, in denen das *i̯* — entgegen den obigen Angaben — als anlautend behandelt wird (30.1).

VĔ́NI̯AT > *vienge* *ÁLLE̯AT > *alge*

*PRÉNDI̯AT > *prenge*

36.3 Das Imperfekt des Indikativs: Im Französischen werden die Formen auf -ÉBAT verallgemeinert. Doch zeigt die Ueberlieferung, daß im Altfranzösischen die übliche Opposition von I/II—IV noch nicht aufgegeben war.

(1)

I	II	III	IV
(-ÁBAT)		-ÉBAT → *ÉAT	
eingrammatikalisiert:		*-eie, -eies, -ei(e)t; -eient*	
		-oi, -ois, -oit ; -oient	

Bei der Form -*ÉAT denkt man an eine in der Folge verallgemeinerte Dissimilation von B—B in Verben wie HABÉBAT, DĒBÉBAT. Der Wandel von *-eiet* (belegt im Jonas) zu *-eit, -oit* ist das Ergebnis einer Entwicklungsalternative. Bliebe das *e*, dann müßte das *t* verschwinden, oder umgekehrt: bleibt das *-t* als Morphem, dann muß das *e* verschwinden. Doch bleibt *-t*, weil es als Morphem der 3. Person genau so markiert ist wie das *-s* für die 2. bzw. *-ø/-e* für die 1. Person.

Die Vertreter von -ÁBAT sind regional. Lautlich wirkt -B- in der Reihe von (a) velarisierend, d. h. es bedingt die Variante eines

Tonvokals mit velarem Element (**13.1**); auszugehen ist also z. B. von -ÁBANT → -ÁB·UNT > *-au̯nt* (mit -UNT nach **36.1**). In der Reihe (b) dagegen erfährt -B- die Behandlung eines intervokalischen Konsonanten in palatalem Kontext (**26.1**).

(a)	*-oue, -oues, -out; -ouent* *-oe, -oes, -ot; -oent*	im Nordwesten
(b)	*-eve, -eves, -eve; -event*	im Osten

(2) Die endungsbetonten Formen sind lautgerecht, doch befolgt ihre Syllabierung unterschiedliche Regulierungen.

-ĒBÁMUS → -*E̯ÁMUS > *iiens* → *ions* [~ *-ǫns*]
-ĒBÁTIS → -*E̯ÁTIS > *iiez* → *iez*

Viele Formen sind nur teilweise etymologisch. Man vergleiche:

VĪDE̯ÁMUS > *veiiens* : DĒBE̯ÁMUS > **degiens/ deviiens*

*CANT·E̯ÁMUS > **chanciens*

36.4 Das Perfekt (passé simple): Es gibt zwei Arten von Perfekten, schwache und starke. Wir zählen die einschlägigen Klassen (im Vorgriff auf **40.0**) im folgenden kurz auf. Bei der Darstellung der Endungen geht man am besten aus von den regelmäßigen Formen von I.

(1) Die schwachen Perfekte sind stets endungsbetont; im Lateinischen ist ihr Stammauslaut vokalisch. Von den vier nachstehend verzeichneten Paradigmen sind (a) und (b) aus dem Lateinischen übernommen, (c) und (d) Neubildungen des Romanischen.

(a)	Sog. regelmäßige Verben auf -ÁRE	: AMÁVĪ
(b)	Sog. regelmäßige Verben auf -ĪRE	: AUDĪVĪ
(c)	Analogische Perfekte auf -ŬI (-ŬTU)	: CUCŬRRI → *CURRŬI
(d)	Perfekte auf -DĔDI	: PĔRDĬDI → *PER·DĔDI (**2.2**)

Das Endungsschema der schwachen Perfekte ist das folgende:

-ÁVĪ		-ÍVĪ
-ÁI	-*ŬĪ	-ÍĪ -DĔDĪ

Im einzelnen:

-ÁVĪ > -ÁI > *-ai* (10.2)	*-ui*	*-i*
-AVÍSTĪ > ÁSTĪ > *-as* (-**ast*)	*-us*	*-is*
-ÁVIT > -ÁT > *-a(t)*	*-u(t)*	*-i(t)*
-ÁVĪMUS > -*ÁMMUS > *-ames* (-**ans*)	*-umes*	*-imes*
-AVÍSTIS >*ÁSTIS *-astes* (-**az*)	*-ustes*	*-istes*
-AVÉRUNT > -ÁRUNT *-erent/-ierent*	*-urent*	*-irent*

Die Endungen *-s* und *-t* des Singulars verteilen sich nach der üblichen Morphemfunktion. Die dissyllabischen Formen des Plurals entsprechen der Struktur des Paradigmas (**35.2**).

Die Endungen des DĔDĪ-Typs gehen nach IV. Ihre Ableitung kann man sich wie folgt vorstellen (-D- verschwindet durch Dissimilation):

-DĔ(D)Ī > *-i* (**12.2**)

-DĔ(D)ÍSTĪ > *-is* (**10.1**)

-DĔ(D)IT > *-iet, -i(t)*

-DĔ(D)ĪMUS > (-**iens*) *-imes*

-DĔ(D)ĪTIS > (-**iez*) *-istes*

-*DĔ(D)ERUNT > *-ierent, -irent*

(2) Die starken Perfekte wechseln den Akzent (**35.2**). Es sind drei aus dem Lateinischen übernommene Klassen zu unterscheiden:

(e) Perfekte auf -Ī : VÍDĪ

(f) Perfekte auf -SĪ : *PRÉ(N)SĪ

(g) Perfekte auf ⩽ŬĪ : HÁBŬĪ

Einige Besonderheiten sind bei den Endungen der stammbetonten Formen zu beobachten:

-I > *-ø/-i*

VÍDI > *vi* HÁBUI > *oi*

MÍSI > *mis*

-T > *-t* Dies geschieht phonologisch infolge der sekundär postkonsonantischen Position des auslautenden -T (**33.2**), morphologisch aufgrund der Verteilung der Morphemfunktion (**36.3**).

VÍDIT > *vit* HÁBUIT > *ot*

MÍSIT > *mist*

≤ĒRŪNT > *ent* (entsprechend dem vulgärlateinischen Akzent, **2.2**)

*VÍDERUNT > *virent* *HÁBUERUNT > *orent*

*MÍSERUNT > *mistrent*

36.5 Das Imperfekt des Konjunktivs: Das Imperfekt des Konjunktivs beruht auf dem lateinischen Plusquamperfekt (**35.1**). Lautliche Veränderungen des Typs CANTA(V)I, CANTA(VI)SSEM haben zur Folge, daß die Formen von I und IV „regelmäßig" und deshalb vom Präsensstamm aus gebildet werden. Auf das Perfekt in der jeweils endungsbetonten Form (**35.2**) gehen nur die „unregelmäßigen" Verben der Klassen II, III zurück.

Unter diesem Gesichtspunkt ergibt sich das folgende Schema:

-AVÍSSEM	-ĒVÍSSEM	-ÍSSEM	-ĪVÍSSEM
-ÁSSE(M)			-ÍSSE(M)
-**as*	-**es*		-**is*
→ *-asse*	→ *-usse*		→ *-isse*
	schwache Perf. auf -ŬI		auf -DĔDĪ
	starke Perf. auf ≤ŬI		auf -Ī, -SĪ

Die beiden endungsbetonten Pluralendungen verhalten sich analog zu den Endungen des Konjunktivs Präsens (**36.2**).

-ÉMUS → *-ons, -iens* -ÉTIS → *ez, -iez/-eiz*

Beispiele nach der oben (**36.4**) entwickelten Klassifikation:

(a) *amasse, amasses, amast, amissons, amissez, amassent*
(b) *dormisse, dormisses, dormist, dormissons, dormissez, dormissent*
(c) *corusse, corusses, corust, corussons, corussez, corussent*
(d) *perdisse, perdisses, perdist, perdissons, perdissez, perdissent*
(e) *veisse, veisses, veist, veissons, veissez, veissent*
(f) *mesisse, mesisses, mesist, mesissons, mesissez, mesissent*
(g) *eüsse, eüsses, eüst, eüssons, eüssez, eüssent*

Die Analogie zum Präsens des Konjunktivs ist augenfällig (-ÁSS·AM, -ÁSS·AS usw.) Bei IV spielt auch der Inchoativ eine Rolle (**34.6**). Das *-t* der 3. Person Singularis bleibt wie üblich zufolge seiner Morphemfunktion.

Bei *-usse* denkt man an das Muster von HÁBUI, HABŬ(Ī)STĪ (mit Umlaut) und entsprechend HABŬ(Ī)SSE(M). Dazu ebenso FŬ(Ī)SSEM > *fusse*. Daher:

fusse, fusses, fust, fussons, fussez, fussent

Ursprünglich -ĪSSET ist belegbar mit *perdesse* (Eulalia).

36.6 Der Imperativ: Die Formen des Singulars sind etymologisch. Im Plural erscheinen die entsprechenden Endungen des Indikativs.

-A	-E	-E	-I
-e		*-ø*	

ÁMA > *aime* VĪDE > *vei*
ĪNTRA > *entre* VĔNDE > *vent*
DŎRMI > *dorm*

Besonderheiten:

VADE → *VA > *va* DĪC > *di* (**33.3**, bzw.
FAC > *fai* analogisch)

Die Verben *avoir, estre, savoir, voleir* (und vereinzelt auch andere) verwenden in imperativischer Funktion den Konjunktiv. Der Imperativ kann auch mit *quar* ausgedrückt werden: *quar recevez.*

Innovatorisch ist die nominale Konstruktion des negierten Imperativs: *ne t'esmaier, nel me noier, ne m'ocirre tu pas.*

37. Die vokalische Variation im Präsensstamm

Die strukturelle Organisation des Paradigmas, die eine Unterscheidung von stamm- und endungsbetonten Formen vorsieht, bringt es mit sich (**35.2**), daß den phonologischen Regularitäten entsprechende lautliche Variationen auftreten. Man spricht von Stammabstufung (frz. alternance vocalique). Gemeint ist damit ein vokalischer Wechsel, den man auch als Ablaut (frz.apophonie) bezeichnet. Das Phänomen tritt vor allem in einsilbigen Stämmen mit Tonvokalen (oder Varianten von solchen) in offener Silbe in Erscheinung. Bei mehrsilbigen Stämmen gibt es entsprechend den syllabischen Wechsel. (Im Zuge der weiteren Entwicklung des Französischen wird die Variation durch Stammausgleich — gewöhnlich in Anlehnung an die endungsbetonten Formen — wieder aufgehoben).

37.1 Der vokalische Wechsel: Anhand der üblichen Kombinatorik sind die folgenden Fälle zu unterscheiden:

Á/A≤	PÁRET > *pert*	PARÉRE > *paroir*
	RÁDIT > *ret*	RAD·ŬMUS > *raons*
	RÁDERE > *rere*	
hatjan	: *he* [< hato], *hez, het, haons, haez, heent*	
Pal.+Á/A≤	CÁDIT > *chiet*	*CADÉRE > *cheoir*
	CÁLET > *chielt/chaut*	CALÉRE > *chaloir* (**cheloir*, **18.2**)
	CÁLE̯AT > *chaille*	
I̯ACÉRE	: *gis* (< *giz*), *giz, gist, gisons, gisez, gisent* *gise* (statt I̯ÁC(C)I̯AM >**jace*, **gice*, **30.3**)	
*AD·CAPARE	: *achief, achieves, achieve, achevons, - ez, achievent*	
*ACCAPTARE	: *achat, achates, achate, achetons, achetez, achatent*	

Á+Nas./A≤	ÁMAT > *aime*	AMÁRE > *amer*
		AM·ŬMUS > *amons*
CLAMÁRE	: *claim, claimes, claime, clamons, clamez, claiment*	
MANÉRE	: *maign* (30.4), *mains, maint, manons, manez, mainent*	
Ĕ́/Ĕ≤	VĔ́NIT > *vient*	VENÍRE > *venir*
	LĔ́VO > *lief*	LEVÁRE > *lever*
	SĔ́DET > *siet*	SEDÉRE > *seeir*
	QUÁERIT > *quiert*	QUAER·ŬMUS > *querons*
Ĕ́+i̯/Ĕ≤	Ĕ́XIT > *ist*	ĔXÍRE > *eissir/issir*
	NĔ́GAT > *nie*	NĔGÁRE > *neiier* (**26.3**)
TĔ́XĔRE	: *tistre* (*tissir* ∼ *issir*) *tis, tis, tist, teissons, teissez, tissent* *tisse*	
Ḗ (Ĭ)/Ē (Ĭ)≤	DḖBET > *deit* (**28.2**)	DĒBÉRE > *deveir*
	*SḖPERAT > *seivre*	*SĒPERÁRE > *sevrer*
	VĬ́DET > *veit*	VĬDÉRE > *veeir*
	Ĭ́TĔRAT > *eirre*	ĬTERÁRE > *errer*
CRḖDERE	: *crei, creiz, creit, creons, creez, creient*	
Pal.+Ē	CḖLAT > *ceile* (**cile*)	CĒLÁRE > *celer*
Ĭ́+Nas.	MĬ́NAT > *meine*	MĬNÁRE > *mener*
Ŏ́/Ŏ≤	*PLŎ́VIT > *pluet*	*PLŎVÉRE > *plovoir*
	RŎ́TAT > *ruee*	RŎTÁRE > *roer*
	*ESTŎ́PET > *estuet*	*ESTŎPÉRE > *estovoir*
DOLÉRE	: *dueil, duelz, duelt, dolons, dolez, duelent*	
MOVÉRE	: *muef* (**muif*), *mues, muet, movons, movez, muevent*	

POTĔRE : *puis* (**12.2**), *puez, puet, poons, poez, pueent*

ŎPERĀRE : *uevre, uevres, uevre, ovrons, ovrez, uevrent*

Ŏ+i̯/Ō≤

*VŎCITAT > *vuide* *VŌCITĀRE > *vuidier*

*AD·PŎDIAT > *apuie* *AD·PODIĀRE > *apoiier*

*AD·PRŎXIMAT > *apruisme* *AD·PROXIMĀRE > *aproismier*

INODI̯ĀRE : *enui, enuies, enuie, enoions, enoiez, enuient*

Ŏ (Ŭ)/Ō (Ū)≤

PLŎRAT > *pleure* PLŌRĀRE > *plorer*

NŎDO > *nou, neu* NŌDĀRE > *noer*

ADORARE : *aeur, aeures, aeure, aorons, aorez, aeurent*

CONSUĔRE (**31.1**), CŎ(N)SIT > *queust*

37.2 Der syllabische Wechsel: Der syllabische Wechsel beruht auf der Wirkung des Darmesteter'schen Gesetzes (**19.1**). Es entsteht auch hier eine Unterscheidung zwischen stamm- und endungsbetonten Formen.

*PARĂULAT > *parole* *PÀRAULĀRE > *parler*

*ADRATI̯ŎNAT > *araisone* *ADRÀTIONĀRE > *araisnier*

ADIŬTAT > *aiüe, aïe* ÀDIŪTĀRE *aidier*

mit Palatal:

IMPĔI̯ORAT > *empire* IMPĚIORĀRE > *empeirier*

CÀLŬMNI̯ĀRE: *chalengier*

chalonge, -es, -e, chalengions, chalengiez, chalongent

*CÀRRIDI̯ĀRE: *charier*

chareie, -eies, -eie, charions, chariez, chareient

*CÒRRUPTI̯ĀRE: *corcier, corecier*

corroce, -es, -e, corçons, corcez, corrocent

MANDŪCĀRE: *mangier* (mit C > G)

manju (**mandu*), *-es, -e, manjons, mangiez, manjüent*

38. Die konsonantische Variation im Präsensstamm

Bei der im Präsensstamm auftretenden konsonantischen Variation sind die Konsonanten des Stammauslautes betroffen. Diese verändern sich je nach dem Kontext, in den sie in den durch die Personalendungen festgelegten Verbindungen jeweils geraten. Besondere Beachtung verdient die 1. Person des Singulars. Vgl. **33.0**

38.1 Stämme mit labialem Auslaut: Für diese Stämme gilt das folgende Paradigma:

BĬBO	>	*boif*	LĔVO	>	*lief*	(24.2)
		bois			*lieves*	
		boit			*lieve*	
		bevons			*levons*	
		bevez			*levez*	
		boivent			*lievent*	
BĬBAM	>	*boive*	LĔVEM	>	*lief*	
		boives			*lies*	
		boive			*liet*	

Analogische Formen der 1. Person Singularis findet man bei PRŎBĀRE, RŎGĀRE, *TRŎPĀRE (**38.4**).

Weitere Beispiele:

RECĬPERE	:	*reçoif, reçois, recevons; reçoive*
SCRĪBERE	:	*escrif, escris, escrivons; escrive*
VĪVERE	:	*vif, vis, vivons; vive*
MŎVERE	:	*muef, mues, movons; mueve*
Analogisch	:	MĔNTE·HABĒRE > *mentevoir/mentoivre, mentoif*

Konsonanten mit Liquiden und Nasalen:

ABSŎLVĔRE	:	*asol/asoil* (**asauf*), *asous, asolons* (**asouvons*); *asout*
SERVĪRE	:	*serf* (< *SERVO), *sers, servons; serve*
RŬMPĔRE	:	*romp, rons, rompons; rompe*

38.2 Stämme mit dentalem Auslaut: Das Paradigma der Stämme mit dentalem Auslaut hat zwei Formen:

(1)	LÁUDO	> *lo*	OCCĪ́DO	> *oci*
		loes		*ociz*
		loe		*ocit*
		loons		*ocions*
		loez		*ociez*
		loent		*ocient*
	LÁUDEM	> *lo*	OCCĪ́DAM	> *ocie*
		loz		*ocies*
		lot		*ocie*

*OBLĪTÁRE (*obli, oblies, oblions; obli*), MŪTÁRE, *TŪTÁRE, SALŪTÁRE, SŪDÁRE.

CLÁUDERE (*clo, cloz, cloons; cloe*), -CLŪ́DERE; CRḖDERE, RÁDERE; RĪ́DERE.

(2)	MÁNDO	> *mant*	VĔ́NDO	> *vent*
		mandes		*venz*
		mande		*vent*
		mandons		*vendons*
		mandez		*vendez*
		mandent		*vendent*
	MÁNDEM	> *mant*	VĔ́NDAM	> *vende*
		manz		*vendes*
		mant		*vende*

PĔ́RDERE, *PRḖNDERE (*prent/preing* < *PRḖNDI̯O), -NDĔRE (*atendre, defendre, descendre, fendre, fondre, pendre, rendre, tendre, tondre*).

CŌGĬTÁRE (*cuit*), *PLACĬTÁRE (*plait*), VŎCĬTÁRE (*vuit*)

PĒ(N)SÁRE : *pois, poises, pesons; pois*

*CŌ̆(N)SĔRE : *cous, cous, cosons; couse*

LAXÁRE : *lais, laisses, laissons; lais*

TĔ́XĔRE : *tis, tis, teissons; tisse*

38.3 Stämme mit palatalem Auslaut: Palatale Stammauslaute treten in verschiedenen Kontexten auf:

(1)	NĔGO	>	*ni* *nies* *nie* *neions* *neiiez* *nient*	PLĬCO	> *plei, ploi* *pleies* *pleie* *pleions* *pleiiez* *pleient*
	NĔGEM	>	*ni* *nis*	PLĬCEM	> (**pleiz*) (**pleiz*)

CASTĪGÁRE (*chasti, chasties, chastions; chasti*), MENDICÁRE, *EXMAGÁRE (*esmai, esmaies, esmaions; esmai*)

PACÁRE, PRĔCÁRE, EXSŪCÁRE (*essu, essues, essuons; *essuiz*) PRĔTI̯ÁRE, SECÁRE.

Das palatale Element verhält sich unterschiedlich (**13.1**). Die Paradigmen werden analogisch umgestaltet.

LŎCÁRE > *loer, louer* RŎGÁRE > *rover*

I̯ŎCÁRE > *joer*

Im einzelnen:

loe (**luou, *lieu*), *loes, loons;* (LŎCEM > **luiz*)
joe, joes, joe, joons, joez, joent
ruis (**ruou, *rieu*), *rueves, rovons; rueve*

(2)	LĔGO	>	*li* *lis* *lit* *lisons (*leions)* *lisez (*leiiez)* *lient*	DĪCO (**26.3**)	> *di* *dis* *dit* *dimes, dions* *dites* *dient*
	LĔGAM	>	*lie* *lies*	DĪCAM	> *die* *dies*
	LĔGÉBAM	>	*liseie* (**leieie*)	DĪCÉBAM	> *diseie*

BĔNEDĪCERE > *beneïstre*

beneï, beneïs, beneïst, beneïssons, beneïssez, beneïent beneïe

maudire verhält sich wie eine Zusammensetzung von *dire*.

CŎQUĔRE → *CŎCERE, *CŎGERE > *cuire* (**31.2**)

*cui (*cueu, *queu) cuis (cuiz), cuit (*cuist), cuisons (*coions), cuisez, cuient*

*DESTRŪGERE > *destruire*

*DŪGERE (**26.3**): *dui, duis, duit, duions, duiez, duient*
analogisch: *duisons; duisait*

FĂCERE (**26.3**): *faz* (**30.3**), *fais, fait, faimes, faites* (**36.1**), *font* (< FAC·UNT)

FRĪGERE: *fri, fris, frions; frie*

*TRĂGERE: *trai, trais, trait, traions, traiez, traient*

(3) PLĂNGO > *plaign*
plainz
plaint
plaignons (**plagnons*)
plaignez
plaignent

PLĂNGAM > *plaigne*

Das palatale Element verbindet sich stets mit dem Nasal des Stammes. Es gilt also nie als anlautend (PLANGAM > **plange*). In vorkonsonantischer Stellung zerfällt das mouillierte *n* in seine Bestandteile und wird zu *in*. Vermutlich gab es ursprünglich auch in diesem Paradigma zwei Varianten des Stammes. Vgl. **30.1**.

*AD·TĂNGERE (*attaindre*), ASTRĪNGERE (*astreindre*), CĪNGERE (*ceindre*), EXSTĪNGUERE (*ESTĪNGERE > *esteindre*), FĪNGERE (*feindre*), FRĂNGERE (*freindre*), ĬŬNGERE (*joindre*), PŎNGERE (*poindre*)

VĪNCERE: *veinc, veinz, veint, vencons, venquez, veinquent; veinque*

(4) SŬRGO > *sorc*
sorz
sort
sorjons/sordons (~ *sordre*)
sorgez/sordez
sorguent/sordent/sorgent

SŬRGAM > *sorge/sorde*

*AD·ĔR(I)GERE (*aerdre*), SPÁRGERE (*espardre*), TĔRGERE (*terdre*)

*TŎRCERE *tortre*
torc, torz, tort/torst/tuert, tortons/tordons, -ez, -ent; torge/torte/torde

(5) CRÉSCO > *creis, crois*
creiz, crois
creist
creissons
creissez
creissent

CRÉSCAM > *creisse*

*CONŌSCERE (*conoistre*), NÁSCERE (*naistre*), PÁSCERE (*paistre*)

In den hier auftretenden Fällen verbindet sich das palatale Element mit dem Themavokal. Die daraus entstehende Lautung der ersten Person des Singulars erhält Morphemcharakter. Sie bildet in der Folge den Ausgangspunkt für analogische Übertragungen des *-s* auch auf Formen mit anderer Lautstruktur (**36.1**).

38.4 Stämme mit *i̯* im Auslaut: Bei den Stämmen mit *i̯* handelt es sich um Verben aus den Konjugationsklassen II—IV, die in der ersten Person des Singulars ein *i̯* aufweisen. Es geht deshalb hier darum festzustellen, wie dieses *i̯* im Paradigma wirksam wird.

(1) Labiale:

*DÉI̯O > *doi* *SÁI̯O > *sai* (**39.1**)

DĔ́BES	*dois*	SÁPIS	*ses*
	doit (**28.2**)		*set*
	devons		*savons*
	devez		*savez*
	doivent		*sevent*
DĔ́BE̯A(M) → DĔ́I̯AM > *doie*		SÁPI̯A(M) > *sache* (**30.2**)	

MŎVĔ́RE (**38.1**)

(2) D e n t a l e :

ÁUDI̯O >	*oi*	SĔ́DE̯O >	*sie* (**si*)
ÁUDIS	*oz*	SĔ́DES	*siez*
	ot		*siet*
	oons		*seons*
	oez		*seez*
	oent		*sieent*
ÁUDI̯A(M)	*oie*	SĔ́DE̯A(M)	*siée* (**síe*)
		SĔDE̯ÁMUS	*seiiens*

*GAUDĪRE : *joi, joz, joons; joie; joïr*

VĪDĔ́RE : *voi, voiz, veons; voie; veoir*

Dialektal nachweisbar sind Formen wie MĔ́NTI̯O > *menz*, PÁRTI̯O > *parz*, SĔ́NTI̯O > *senz*. Im Normalfall wurde das -T des Stammes jedoch wiederhergestellt.

*CADĔ́RE : *chié* (< *CÁDO), *chiez, cheons; chiée; cheoir*

*PUTĪRE : *pu(t), pues* (**puz*), *puons; pue/pude; puïr* (nfrz. *puer)*

SĔNTĪRE : *sent* (< *SĔ́NTO), *senz, sentons; sente (*sence)*

(3) P a l a t a l e :

PLÁCE̯O >	*plaz* (**30.3**)	
PLÁCES	*plaiz*	
	plaist	
	plaisons	(analogische Umformung
	plaisez	über PLACĔ́MUS >
	plaisent	*plaismes*)
PLÁCE̯A(M)	*place* (**30.3**)	

FÁCĔRE (38.3)

I̯ACÉRE : *gis (giz, *jaz), gist*

NŎCÉRE : *nuis (*nuez), nuiz, nuist, nuisons, nuisez, nuisent*

LĬCET > *loist* LŪCET > *luist*

Analogisch umgebildet:

SŬFFĬCĔRE : *soffeist, soffeisent; sofire*

DESPĬCĔRE : *despit, despisent; despire*

(4) <u>L + i̯ :</u>	VŎLE̯O	> *vueil*	VÁLE̯O	> *vail*
	VŎLES	*vuels, vueus*	VÁLES	*vaus*
		vuelt, vieut		*vaut*
		volons		*valons*
		volez		*valez*
		vuelent		*valent*
	VŎLE̯A(M)	*vueille*	VÁLE̯A(M)	*vaille*
	VOLE̯ÁMUS	*voilliens, -ons*		

DŎLÉRE, ŎLÉRE, SŎLÉRE; CALÉRE (unpers. CALET > *chaut*).

In der Konjugationsklasse I unterscheidet das Verhalten des *l* im Zusammenspiel mit *-t* als Morphem (36.2) den Indikativ vom Konjunktiv:

APPARĬCULAT > *apareille*	-ET > *apareut*
BÁIULAT > *baille*	-ET > *baut*
CONSĬLIAT > *conseille*	-ET > *conseut*
*TRIPÁLIAT > *travaille*	-ET > *travaut*
VĬGILAT > *veille*	-ET > *veut*

Die iodierten Formen des Präsens begünstigen Doppelformen des Infinitivs: BŬLLĪRE > *bolir, bouillir*, *FALLĪRE > *falir, faillir*, SALĪRE > *salir, saillir.*

(5)	R + i̯ : *MŎRI̯O	*muir* (30.1)	
	*MŎRIS	*muers*	
		muert	
		morons	
		morez	
		muerent	
	*MŎRI̯A(M)	*muere (*muire, *muerge)*	

FĔRĪRE : *fir, fiers, ferons; fire* (< FĔRI̯AT)

PĀRET > *pert* PĀRE̯AT > *paire*

(6)	N + i̯ : VĔNI̯O	> *vieng, vin/vien*	TĔNE̯O analog
	VĔNIS	*viens*	TĔNES
		vient	
		venons	
		venez	
		vienent	
	VĔNI̯A(M)	*viegne*	

MANĒRE : *maing, mains, manons; maigne; manoir/maindre*

PŌNĔRE : *poing/pon, pons, ponons; poigne/ponne/ponde*

SUBMŎNĒRE : *semoing, semons, semonons; semoigne; semondre*

*PRĔNDI̯O (38.2)

Zu beachten ist das unterschiedliche Verhalten des palatalen Elements im Indikativ von I und im entsprechenden Konjunktiv:

*ACCUMPĀNI̯O > *acompaign*		
-IAT > *acompagne*	-ET > *acompaint*	
BĀLNE̯O > *baing*		
-EAT > *bagne*	-ET > *baint*	
DĪGNO > *deign*		
-AT > *deigne*	-ET > *deint*	
INSĪGNO > *enseign*		
-AT > *enseigne*	-ET > *enseint*	

Isoliert (mit i̯ und u̯ nach **31.2**):

SĔQUĔRE : *sieu/siu/sui, sieus, siut (< *sieut)/suit,* (**13.2**),
sevons/sievons, sivons, -ez,
sivent
sive (< SĔQU̯AM)

(7) S + i̯ : *PŎSSI̯O > *puis* (**12.2**)
*PŎTES > *puez*
puet
poons
poez
pueent
*PŎSSI̯AM > *puisse*

Analogische Extension des Typs PŎSSI̯O:

PRŎBO	>	*pruef* → *pruis*	Konj.	*pruisse*
TRŎPO	>	*truef* → *truis*		*truisse*
RŎGO		(**rieu*)→ *ruis* (**13.1**)		*ruisse*
*ESTŎPET	>	*estuet*		*estuisse*

DONÁRE : *doins/doign, dones; doinse/doigne*

STÁRE : *estois, estas, esta/estait, estons, -ez, -ont; estoise*

*ALLÁRE : *vois, vais, vait (vet/va), alons, -ez, vont; voise/aille*

38.5 Stämme mit Liquiden oder Nasalen im Auslaut: In diesem Kontext sind nur wenige Fälle einschlägig:

MŎLĔRE : *muel, mueus, molons; muele; moldre*

TŎLLĔRE : *tol, tous, tolons; toille/tolge* (**30.1**)*; toudre/tolir*

CŬRRĔRE : *cor, cors, corons; core; corre/corir*
queur (zu *CŬRĔRE); *queure*

*CRĔMĔRE : *criem, criens, cremons; crieme; criembre* (**32.1**)
und entsprechend: GĔMĔRE, PRĔMĔRE,
*REDĔMĔRE

DONÁRE (**38.4**)

39. Abnorme Präsensformen

Außerhalb der normalen Paradigmenbildung liegen die zwei Verben „haben“ und „sein“. Maßgeblich sind dabei gewöhnlich die Kurzformen. Die Konjunktive sind strukturgerecht (**36.2**).

39.1 Die Konjugation von HABERE:

*ÁI̯O	> *ai* (**22.3**)	*ÁI̯A(M) >	*aie*
*ÁS	> *as*		*aies*
*ÁT	> *a(t)*		*aie(t)/ait*
*AB·Ŭ́MUS	> *avons*		*aiiens/aions*
*AB·ÁTIS	> *avez*		*aiiez*
*ÁUNT	> *ont*		*aient*

Die Form *ÁI̯O bildet den Ausgangspunkt für eine Reihe von analogischen Präsensformen mit *i̯*: SÓI̯O und DĔ́ĪO, SÁI̯O, PŎ́SSI̯O (**38.4**). Als Morphem erscheint *ÁI̯O im zusammengesetzten Perfekt (**41.3**) und im Futur (**42.2**).

Andererseits geht *ÁB·UNT → *AUNT wie *FÁ(C)UNT > *font* mit SUNT.

39.2 Die Konjugation von *ESSERE:

*SŎ́I̯O	> *sui*	*SĪ́A(M) >	*seie*
Ĕ́S	> *es/ies*		*seies*
Ĕ́ST	> *est*		*seit*
SŬ́MUS	> *somes (*sons)*		*seiiens*
Ĕ́STIS	> *estes (*ez)*		*seiiez*
SŬ́NT	> *sont*		*seient*

SŬM → SÓI̯O ist im Vokalismus beeinflußt von FŬ́Ī (**10.1**). Die Form *es* statt der betonten Form *ies* < Ĕ́S ist — von der Satzphonetik abgesehen — analog zu *est* < EST gebildet.

Die zu SŬ́MUS > **sons* sekundär gebildete dissyllabische Form *somes* entspricht der Struktur des Paradigmas. Dazu kommt vermutlich eine Kreuzung mit der gleichbedeutenden Form *esmes,* die tatsächlich belegbar ist (Passion, Alexius). Für *estes* (statt **ez*) gelten als Muster auch Formen wie *dites, faites.*

39.3 Isolierte Formen: Im Zusammenhang mit den abnormen Formen sind auch Reste von Paradigmen zu erwähnen, in denen sich der ursprüngliche Stamm erhalten hat, und zwar in betonter und in unbetonter Lautung des Vokalismus.

ĔRA(M) > *iere/ere*

ĔRAT > *iert/ert* ĔRIT > *iert/ert*

Diese Formen, die z. T. homonym sind, verschwinden im Verlaufe der altfranzösischen Phase des Französischen (halten sich vereinzelt jedoch noch bis ins 14. Jh.). Das Imperfekt erhält eine Suppletivkonjugation mit Hilfe von STARE; die Funktion des Futurs übernimmt die Neubildung mit HABERE (**42.1**).

Die Bildung des Imperfekts erfolgt nach dem folgenden Schema:

Ī·ST·ḖBAT > *esteit*

Mit anderen Worten: das Verb STÁRE, das altfranzösisch auch im Präsens auftritt (**38.4**), erhält ein prosthetisches *-e* (**25.5**) und wird regelmäßig mit den Endungen des Imperfekts versehen (**36.3**).

40. Die Stammformen des Perfekts

Bei der Behandlung der Konjugationsendungen des Perfekts haben wir zwei Arten von Perfekten unterschieden, schwache und starke (**36.4**). Wir gehen diese Perfekte nun im Hinblick auf ihre Stammformen nochmals durch.

40.1 Die schwachen Perfekte: Wir wiederholen der Einfachheit halber zunächst das oben angeführte Schema:

(a) Sog. regelmäßige Verben auf -ÁRE : AMÁVĪ

(b) Sog. regelmäßige Verben auf -ÍRE : AUDÍVĪ

(c) Analogische Perfekte auf -Ŭ́Ī (-Ŭ́TU) : CUCŬ́RRĪ → *CURRŬ́Ī

(d) Perfekte auf -DĔ́DĪ : PĔ́RDĬDĪ → PER·DĔ́DĪ (**2.2**)

Anlaß zu Bemerkungen geben nur die Gruppen (c) und (d), d. h. die Neubildung des Romanischen. Zu (a) und (b) ist anzumerken, daß die zweite Konjugationsklasse (Typ DELĒVĪ) im Romanischen nicht mehr vertreten ist.

(1) Das Inventar der Perfekte auf -ŬĪ setzt sich aus Verben aus II und III (sowie der isolierten Form MŎRIOR) zusammen, deren Stamm auf Liquid oder Nasal ausgeht. Der Grund für die morphologische Umgestaltung ist phonologischer Art, genauer gesagt: das Verhalten von *u̯* in der genannten Kombination, wo sich eine strukturgerechte Lösung nicht anbietet. Die Eingliederung in die schwachen Perfekte beruht auf der Analogie mit den Partizipien auf -ŬTU (**41.2**) und vielleicht auf dem Perfekt von *estre*. Man vergleiche:

FŬĪ (**10.1**)	FŬ(I)STĪ	FŬ(I)T
fui	*fus*	*fut*
corui	*corus*	*corut*
FŬ(I)MUS	FŬ(I)STIS	FŬ(E)RUNT
fumes	*fustes*	*furent*
corumes	*corustes*	*corurent*

Die einzelnen Verben sind folgende:

chaleir : CĂLEO, UI 2 → *CALŬĪ > *chalui*, Part. *chalu*

doleir : DŎLEO, UI 2 → *DOLŬĪ > *dolui*, Part. *dolu*

oleir : ŎLEO, UI 2 (nicht belegbar)

pareir : PĂREO, UI 2 → *PARŬĪ > *parui*, Part. *paru* (*parëu*)

soleir : SŎLEO, SOLITUS S. 2 → *SOLŬĪ > *solui*, Part. *solu*

valeir : VĂLEO, UI 2 → *VALŬĪ > *valui*, Part. *valu*, Konj. Imp. *valusse (valsisse)*

Wie die in Klammern beigefügten Belege zeigen, besteht als Alternative oft die Eingliederung in die Gruppe der starken Perfekte.

corre : CŬRRO, CUCURRI 3 → *CŬRRŬĪ > *corui (cori),* Part. *coru (corëu)*

criembre : TRĔMO, UI 3 → *CRĔMŬĪ > *cremui* (*criens; cremi*), Part. *cremu* (*crient*) *moldre* : MŎLO, UI 3 → *MOLŬĪ > *molui (mols)*, Part. *molu (mols)*

morir : MŎRIOR, MORTUUS S. → *MORŬĪ > *morui (mori)*, Part. *mort*

(2) Das Inventar der -DĔDĪ-Perfekte (**36.4**), das ursprünglich auf einige Zusammensetzungen mit DARE beschränkt war, erfährt im Galloromanischen eine Erweiterung. Für das Französische gilt folgendes:

RĔSPŎNDEO, SPŎNDI 2 → *RESPONDĔDĪ > *respondi, -iet/it*

DEFĔNDO, FĔNDI 3 → *DEFENDĔDĪ > *defendi*

TĔNDO, TĔTĔNDI 3 → *TENDĔDĪ > *tendi*

BATTUO (**31.1**) : *BATTĔDĪ > *bati*

*CADĔDĪ statt CECĬDĪ : *chëi*

anal.: RŬMPO, RŪPI 3 : *rompi*

SĔQUOR : *suivi*

Dazu kommen vier ganz unregelmäßige Verben:

*IRĀSCĔRE > *iraistre*	Perf. *irasqu-*	Part. *irascu*
*NĀSCĔRE > *naistre*	*nasqu-*	*nascu*
VĬNCĔRE > *veintre*	*venqu-*	*vencu*
VĪVĔRE > *vivre*	*vesqu-* (Metathese -CS- zu -SC-)	*vescu*

Als Beispiel:

nasqui, nasquis, nasquiet (-it), nasquimes, nasquistes, nasquierent (-irent).

Nach diesen Ausführungen zeigt es sich, daß bei der Grammatikalisierung eine gegenseitige Abhängigkeit zwischen den Perfektformen und dem Partizip des Perfekts ins Spiel kommt.

40.2 Die starken Perfekte: Wir wiederholen auch hier das oben (**36.4**) angeführte Schema und ergänzen die paradigmenbildenden Formen:

(e)	Perfekte auf -Ī	:	VĪDĪ, FĒCĪ
(f)	Perfekte auf -SĪ	:	*PRĒ(N)SĪ, PLĀNXĪ
(g)	Perfekte auf ´-ŬĪ	:	HĂBŬĪ, DĒBŬĪ, *MŎVŬĪ

Alle starken Perfekte verteilen sich auf die drei hier verzeichneten Typen. Anzumerken ist, daß es im Romanischen keine starken Perfekte aus IV mehr gibt. Man hat also SĔNTIO, SĔNSI 4 → *SĔNTĪ(V)I; APĔRIO, APĔRUI 4 → *APĔRĪ(V)I. Die Bildungen müssen deshalb im einzelnen durchgesprochen werden (d. h. methodologisch: man wählt solche Formen, die das Spiel der Analogie und damit die jeweilige Grammatikalisierung am besten einsichtig machen):

(1) Die Perfekte auf -Ī sind ursprünglich nur mit zwei Verben vertreten, nämlich mit VĪDĪ und FĒCĪ:

VĪDĪ	>	*vi*	
VĪDĪSTĪ	>	*veïs*	(durch Dissimilation oder mit analogischer Grammatikalisierung aus **vi·is*)
		vit	
		veïmes	
		veïstes	
		virent	*vi-/ve-*

Entsprechend:

FĒCĪ	(*fiz*)	>	*fis* (*fiz* ist belegbar)	
FĒCĪSTĪ	(**feisis*)	>	*fesis, feïs* (analog zu *veïs*)	
	(**feist*)		*fist*	
	(**feisimes*)		*feïmes, fesimes*	
	(**feisiz*)		*feïstes, fesistes*	
	(**feirent*)		*firent, fistrent*	*fi-/fe-*

Die beiden Beispiele zeigen die thematische Markierung, auf die wir oben (**35.2**) bereits hingewiesen haben. Der analogische Ausgleich ist dabei unverkennbar. Wichtig ist die Feststellung, daß der starke Stamm auf der Form der 1. Person Singularis beruht (**10.1**). In diesen Paradigmen zeichnet sich — mit dem e-muet im schwachen Stamm — bereits die weitere Entwicklung der Perfektmorphologie im Neufranzösischen ab.

Inventar:

VĒNĪ → *VĔNŬĪ (vlt. *venni*, gallorom. *veni*): *vin, venis, vint, venimes, venistes, vindrent* (**32.1**).

TĔNŬĪ geht analog zu *VĔNŬĪ: *tin, tenis, tint, tenimes, tenistes, tindrent.*

VŎLŬĪ (vlt. *vọlli*, gallorom. *vọli*): *voil, volis, volt, volimes, volistes, voldrent.*

Man beachte die Konkurrenz der Perfekte auf -SĪ (*vols* usw.) sowie die Möglichkeit der Verwechslung mit einzelnen Formen des Präsens (*voil/vueil; volt, vout/vuelt*).

(2) Es gibt zwei Arten von Perfekten auf -SI. Bei der einen endet der lateinische Stamm auf einfache Konsonanz (d. h. auf S), so daß im Altfranzösischen, wie das Inventar zeigt, eine Endung mit -I > ø entsteht. In den übrigen Personen geht dieses -S mit dem Stamm und variiert dort in der Stimmhaftigkeit. Bei der anderen ist das S nachkonsonantisch, so daß zufolge der geschlossenen Silbe keine Stammvariation entsteht.

*PRĔSĪ > *pris*
presis/preïs
prist
presimes/preïmes
presistes/preïstes
pristrent (**32.1**)/*prirent* | *pri(s)-/pre(s)-* |

Entsprechend:

PLĂNXĪ > *plains*
plainsis
plainst
plainsimes
plainsistes
plainstrent | *plain-* |

Diese Fälle zeigen, wie sich das *-s* als Morphem der ersten Person Singularis im Paradigma etabliert. (Die *-s*-losen Formen *preïs* entsprechen den Perfekten auf -I).

Inventar der Perfekte nach *PRÉSĪ:

clore	: CLAUDO, SĪ 3 > *clos (cloï)*, Part. *clos*
conclure	: CONCLŪDO, SĪ 3 > *conclus*
cuire	: CŎQUO (**31.2**), CŎXĪ 3 > *cuis, cuisis (*coisis)*, Part. *cuit* < CŎCTU
despire	: DESPĬCIO, SPĒXĪ 3 > *despis, despesis (despeïs)*
dire	: DĪCO, DĪXĪ 3 > *dis, desis (deïs)*
duire	: DŎCEO, DŎCUĪ → *DŎXĪ 2 > *duis*, Part. *duit* < DŎCTU
duire	: DŪCO, DŪXĪ 3 > *duis*, Part. *duit* (anal. statt DŬCTU mit kurzem U)
escri(v)re	: SCRĪBO, SCRĪPSĪ 3 > *escris, escressis* (mit Assimilation des *p*), Part. *escrit* < SCRĪPTU
frire	: FRĪGO, FRĪXĪ 3 > *fris*, Part. *frit* < FRĪCTU
lire	: LĔGO, LĒGĪ → *LĒXĪ 3 > *lis* (*lui* nach ⩤UĪ)
maneir / *maindre*	MANEO, MA(N)SI 2 { *mes, mesis*, Part. *mes* / *mains, mainsis*
metre	: MĬTTO, MĪSĪ 3 > *mis, mesis (meïs)*, Part. *mis* (anal. statt MĪSSU)
ocire	: OCCĪDO, CĪDĪ → *OCCÍSĪ 3 > *ocis, ocesis*
querre	: QUAERO, QUAESĪVĪ → *QUÁESĪ 3 > *quis, quesis (queïs)*
rere	: RADO, RĀSĪ 3 > *res, rasis*
rire	: RĪDO, RÍSĪ 3 > *ris, resis (reïs)*
seeir	: SĔDEO, SĒDĪ → *SÉSSĪ 2 > *sis, sesis (seïs)*, Part. *sis* (anal. statt SĔSSU)
traire	: TRAHO (**26.3**), TRĀXĪ 3 > *trais*, Part. *trait* < TRACTU

Diese Liste zeigt, daß außer den vokalischen Stämmen auf -SĪ auch die auf Palatal auslautenden Stämme (vom Typ DĪXĪ) nach dem Muster von *PRĒSĪ grammatikalisiert wurden. Dazu kommt isoliert die Form SCRĪPSĪ. Auf diese Weise entfallen auf die konsonantischen Stämme (nach PLANXĪ) nur noch Verben mit Liquiden oder Nasal. Wie die folgenden Beispiele zeigen, sind diese jedoch fast alle analogisch umgestaltet.

ardre
ardeir } ARDO, ARSĪ 3 > *ars, arsis*, Part. *ars* < ARSU

aerdre : ERĬGO, RĒXĪ 3 → AD·ERĬGĔRE,
*ADÉR(Ĭ)GĔRE, *ADĔRXĪ > *aers, aersis*

ataindre : AD·TANGO, TETĬGĪ → ATÁNXĪ 3 > *atains, atainsis*

moldre : MŎLO, UĪ 3 { -Ŭ́Ī > *molui, molus*
-SĪ > *mols, molsis*

mordre : MŎRDEO, MOMŎRDĪ 2 → *MŎRSĪ > *mors, morsis*

soldre : SŎLVO, SŎLVĪ → *SŎLSĪ 3 > *sols, solsis*

somoneir
somondre } MŎNEO, UĪ 2 { -Ŭ́Ī > *somonui*
-SĪ > *somons*

sordre : SŬRGO, SURRĒXĪ → *SŬRSĪ 2 > *sors, sorsis*

(3) Die starken Perfekte auf -Ŭ́Ī zerfallen in drei Gruppen. Diese bilden sich nach Maßgabe der Qualität des Stammvokals der betroffenen Verben.

	A		B
HÁBUĪ >	*oi*	DÉBŬĪ >	*düi*
	eüs (oüs)		*deüs (doüs)*
	out, ot		*dut*
	eümes		*deümes*
	eüstes		*deüstes*
	orent		*durent*

	C
*MŎ́VŬĪ >	*müi*
	meüs (moüs)
	mut
	meümes
	meüstes
	murent

Oben wurde bereits gezeigt (**31.3**), daß die Grammatikalisierung dieser Perfekte auf der Wirkung des velaren Elements beruht. Der Einfluß von u̯ auf den Vokalismus ist jedoch nicht zwingend. Man vergleiche dazu Belege wie PŎTUĬSTĪ > *podist* (Jonasfragment), *poïs* (statt *poüs*), sowie das Paradigma des Ostfranzösischen, *au, awis, aut, awimes, awistes, aurent.* — Die Form *out* kann wieder palatal nach *eut* aufgelöst werden (pikardisch).

I n v e n t a r der Gruppe A:

paistre	: PASCO, *PÁ(S)CUĪ 3 > *poi, peüs,* Part. *peü*
plaisir / *plaire*	PLACEO, PLÁCUĪ 2 > *ploi,* Part. *pleü*
poeir	: *PŎSSIO, PŎTUI 2 > *poi, peüs/poïs,* Part. *peü*
saveir	: *SÁIO (**39.1**), SÁPUĪ nach 2 > *soi, seüs,* Part. *seü*
teisir / *taire*	TACEO, TACUI 2 *toi, teüs,* Part. *teü*

Die Partizipien sind analogisch nach HÁBUĪ, HABŪTU > *eü* grammatikalisiert. Die Form PLÁCĬTU > *plait* bleibt als Substantiv erhalten.

I n v e n t a r der Gruppe B:

beivre	: BĬBO, BĪBĪ → *BĬBUĪ 3 > *bui, beüs,* Part. *beü* (nicht PŌTUM)
creire	: CRĒDO, CRĒDĬDĪ → *CRĒDUĪ 3 > *crui, creüs,* Part. *creü/creï/creïs*
creistre	: CRĒSCO, CRĒVĪ → *CRĒVUĪ 3 > *crui,* Part. *creü*
ester	: STO, STĔTĪ → *STĔTUĪ 1 > *estui,* Part. *esteü; esté* < STĀTU
gesir	: IACIO, IACUĪ 2 > *jui/gis, geüs/gesis,* Part. *geü*
leisir	: unpers. LĬCET, LĬCUIT 2 > *lut*
receivre	: -CĬPIO, -CĒPĪ → *-CĒPUĪ 3 > *reçui,* Part. *receü*

In diese stark analogisch umgestaltete Gruppe gehören auch die Formen von MÈNTE·HABÉRE > *menteveir,* MENTE·HABUĪ > *mentui, menteüs,* Part. *menteü.*

Inventar der Gruppe C:

conoistre : *CONŌSCO, NǪVĪ → *CONǪVUĪ 3 > *conui*, Part. *coneü*

estoveir : unpers. *ESTŎPET, *ESTŎPUIT > *estut*

nuisir / *nuire* } NŎCEO, NŎCUĪ 2 > *nui*, *neüs*/*neïs*, Part. *neü*/*nuï*

ploveir : unpers. PLŬIT, *PLŎVUIT > *plut*, Part. *pleü*

Im Hinblick auf die weitere Entwicklung ausschlaggebend ist das vortonige *e*. Mit dem Verstummen dieses *e* wird im Französischen die im Romanischen aufgrund der lateinischen Akzentverhältnisse fest etablierte Stammalternation (**35.2**) aufgehoben.

40.3 Relikte des lateinischen Plusquamperfekts: In den ältesten Texten (aus der vorfranzischen und vereinzelt noch aus der französischen Phase des Altfranzösischen) treten Formen auf, die morphologisch auf das lateinische Plusquamperfekt des Infinitivs zurückgehen, im Tempussystem jedoch einen anderen Stellenwert einnehmen. Die nachstehende Liste der belegbaren Formen entspricht genau der obigen Liste der Perfekte.

Schwache Formen:

*CON·HORTÁ(VE)RAT > *conortera* (Girart de Roussillon)

LAXÁ(VE)RAT > *laissera* (St. Léger)

PECCÁ(VE)RAT > *pechera* (Girart)

ROGÁ(VE)RAT > *roueret* (Eulalia)

Starke Formen:

(1) FḖCERAT > *fistra*, *fisdra* (St. Léger), *fistret* (Passion), *firet* (Alexius).

*VḖNUERAT > *vindre* (St. Léger), *vengre*/*-gra* (Passion; Auflösung des velaren Elements nach okzitanischer Art)

VÍDERAT > *vidra* (Passion)

*VŎLUERAT > *voldret* (Eulalia)

(2) EX·ÁRSERAT > *exarstra* (St. Léger)

*PRḖ(N)SERAT > *presdra* (St. Léger), *prisdret* (Passion)

(3) *HÁBUERAT > *auret* (Eulalia), *auuret* (St. Léger), *ouret* (Alexius)

*DĔ́BUERAM > *dure* (Thebenroman)

FŬ́ERAT > *furet* (Eulalia), *furet, fure, fura* (Passion), *fure* (Alexanderroman)

*PŎ́TU̯ERAT > *pouret* (Eulalia)

*SÁPU̯ERAT'> *sore* (Alexius)

41. Die Partizipien und das zusammengesetzte Perfekt

Bei der Morphologie der Partizipien geht es vor allem um die Grammatikalisierung der Formen innerhalb des Romanischen. Die Probleme sind deshalb vorwiegend struktureller Natur, die Bildungen im einzelnen den gegebenen Mustern entsprechend (d. h. zumeist analogisch).

41.1 Das Partizip des Präsens: Im Gegensatz zu den übrigen romanischen Sprachen gibt es im Französischen nur Bildungen auf *-ant*. In dieser Form fallen nicht nur die Endungen des Partizips, sondern auch diejenigen des Gerundiums (im Ablativus modi) zusammen.

Die Besonderheit des Altfranzösischen besteht darin, daß diese ursprünglichen Partizipial- und Gerundialformen nun wie Adjektive behandelt werden. Außer in Verbindung mit Präpositionen sind sie deshalb deklinierbar. Da von der Endung *-ant* her Maskulin und Feminin nicht unterschieden werden, bleibt nur die Markierung nach Casus und Numerus (**43.0**).

Das für das Französische anzusetzende Schema ist folgendes:

-ÁNTE(M) -ANDŌ	-ĒNTE(M) -ĒNDŌ	-(I̯)ĒNTE(M) -(I̯)ĒNDŌ	-(I̯)ĔNTE(M) -(I̯)ĒNDŌ
-ant			

Bei der analogischen Übertragung von -ÁNTE verschwindet das *i̯* als palatales Element. Also:

SERVI̯ĔNTE (> *sergent*, substantiviert)

→ *SERVĔNTE > *servant*

Die Grammatikalisierung geht von einschlägigen Formen des Präsensstammes aus. Dabei gibt es noch Anlehnungen an die etymologische Form.

*FACĔ́NTE > **faisent* → *faisant*

*LĔGĔ́NTE > **leient* → *lisant*

41.2 Die Partizipien des Perfekts: Im Altfranzösischen gibt es zwei Arten von Partizipien, schwache und starke. Die schwachen sind sog. regelmäßig und bilden dem Inventar nach den Normalfall. Die starken Partizipien sind unregelmäßig, d. h. es sind fossilisierte Bildungen, die jeweils den starken Perfekten entsprechen.

(1) Die schwachen Partizipien werden nach dem folgenden Schema gebildet:

-ÁTU	-ḖTU/-Ū́TU	-Ī́TU	-ÉCTU
-é/-ié	*-u*	*-i*	*-eit*

Die Endungen lauten im altfranzösischen ursprünglich auf *-t* (*-et/-iet*, *-ut*, *-it*). Reste dieses *-t* sind in den ältesten Texten noch vorhanden.

Die Partizipien sind wie Adjektive deklinierbar. -ATA lautet pikardisch auf *-íe* statt auf *-ee.*

I n v e n t a r (Die Buchstaben [a—f] am Rand verweisen auf die Klassifikation der Perfekte nach **36.4**):

-ÁTU, -Ī́TU: Merke: STÁTU > *esté* zu *estre* (a), (b)

-Ū́TU : mit Vertretern aus den folgenden Bereichen:

schwache Perfekte auf -ŬĪ : CŬRRŪ́TU > *corru* (c)

außer MORT(U)U > *mort*

Perf. des Typs -DĔDĪ : PERD·Ū́TU > *perdu* (d)

starke Perfekte auf -Ī : VĪD·Ū́TU > *veü* (e)

VEN·Ū́TU > *venu*

VOL·Ū́TU > *volu*

aber FÁCTU > *fait*

starke Perfekte auf ≤ŬĪ : HABŬTU > *eü* (g)
DEB·ŬTU > *deü*
MOV·ŬTU > *meü*

-ĔCTU: typisch französische Bildung nach COLLĔCTU > *coleit*
TOLLĔCTU > *toleit* CAD·ĔCTU > *cheeit*
CRĒD·ĔCTU > *creeit/creü*
aber DĪCTU > **deit* → *dit*
LĔCTU > *leit* (dial.) → leü/lit

(2) Die starken Partizipien sind Relikte von zwei lateinischen Bildungsweisen, die dort schon nur Restformen (des Indogermanischen) waren.

I n v e n t a r :

-SU(M) > -*s*/-TU(M) > -*t*:
starke Perfekte auf -SĪ : *PRĔ(N)SU > **pres*, *pris* (f)
CĬNCTU > *ceint*
isolierte Formen: FĂCTU, *MŎRTU, APĔRTU > *overt*

≤ĬTU : ein verschwundener dritter Typ des starken Perfekts:
*TŎLLĬTU > *tolt*
*SŎLVĬTU > *solt*
*VŎLVĬTU > *volt*

Zur Bildungsweise denke man an DĔBEO: DĔBĬTU → DĒB·ŬTU

Erhalten sind einige substantivierte Formen wie DĒBĬTA > *dete*, FĔNDĬTA > *fente*, PĔRDITA > *perte*, VĔNDITA > *vente*, FŬNDITA > *fonte*, MŎVITA > *muete*

41.3 Das zusammengesetzte Perfekt: Das zusammengesetzte Perfekt (passé composé) ist — wie das Futur (**42.1**) — eine periphrastische Bildung. Mögliche Gründe, die zu dieser Bildung führten, haben wir oben kurz angegeben (**35.1**). Morphologisch gesehen handelt es sich um das

Verfahren der Auxiliation, das im Romanischen in der Folge beträchtlich ausgebaut wurde.

Bei der Auxiliation wird HABḖRE zum Hilfsverb. D. h. es hat, wie später *Ĕ́SSĔRE, eine Doppelfunktion, zum einen als Vollverb, zum anderen als Morphem der Tempusmarkierung. Die Verwendung von *ESSERE neben HABERE ist eine Innovation des Französischen (genauer: der Sprachen der zentralen Romania). Dabei handelt es sich ursprünglich um eine Unterscheidung von transitiven (*avoir*) und intransitiven Verben (*estre*). (*j'ai été* ist deshalb eine fossilierte Bildung). Schematisch:

AI̯O CANTÁTU SOI̯O VENŪ́TU

Die Stellung des Hilfsverbs im Verhältnis zum Partizip ist im Altfranzösischen noch nicht strikt reguliert.

42. Das periphrastische Futur und der Konditional

42.1 Einige Vorbemerkungen: Morphologisch gesehen ist hier festzustellen, daß es im Romanischen Periphrasen gibt, d. h. Konstruktionen von Verb über Verb, die sich unter griechischem Einfluß im Vulgärlatein etablierten und bei der Umstrukturierung des Tempussystems eine entscheidende Rolle spielten. Nach diesem Muster sind zunächst das zusammengesetzte Perfekt (**41.3**), später das *habeo*-Futur gebildet.

Typologisch gesehen ist das Passé composé eine romanische Bildung, weil das determinierende Element wie eine Präposition vorne steht. Beim *habeo*-Futur, wo der Infinitiv wie ein vierter Stamm fungiert, steht das determinierende Element wie eine Postposition (bzw. wie ein Kasus) noch „lateinisch" hinten. Die „romanische" Version dieser Fügung zeigt sich jedoch darin, daß bei der Konstruktion Inf. + *habeo* nicht der Infinitiv, sondern *habeo* den Akzent (und in anderen romanischen Sprachen auch die Personalpronomina) trägt. Im Französischen wurde diese Fügung schon früh wieder synthetisiert (*daras; pussediravit,* d. h. vermutlich [*possedrat*]: beides latinisierende Restitutionen aus der Vulgärsprache, datierbar um 600).

Nach traditioneller Auffassung wird das Verschwinden des lateinischen Futurs mit den strukturellen Schwächen des Paradigmas in Verbindung gebracht. Man betrachte das folgende Schema:

I	II	III	IV
AMÁBO	DELÉBO	LĔ́GAM LĔ́GĒS	ÁUDI̯AM ÁUDIĒS
-B-Infix als Merkmal		Formen des Konjunktivs	

Während in der archaischen Latinität und in der Kaiserzeit die Tendenz bestand, das -B-Infix zu generalisieren, lief die sich anbahnende romanische Lautentwicklung in eine andere Richtung, und zwar so, daß die Stabilität des Paradigmas in zweifacher Hinsicht gefährdet wurde:

(1) Wandel B > *v* (**26.1**) : CANTÁBIT (Fut.) = -ÁVIT (Perf.)

(2) Quantitätenkollaps (**4.1**) : LĔ́GĒS (Fut.) = LĔ́GĬS (Präs.)

Es ist anzunehmen, daß zwischen den beiden Ebenen, der phonologischen und der morphologisch-funktionalen ein innerer Zusammenhang besteht. Für den morphologischen Zerfall des lateinischen Futurs gibt es zahlreiche Belege aus dem späteren Latein.

42.2 Die Formen des Futurs: Trotz der Einfachheit des Bildungsschemas ergeben sich aufgrund der verschiedenen lautlichen Kontexte viele Eigenheiten, die z. T. typisch altfranzösisch sind. Als Schema gilt:

CANTARE HABEO → CÁNTAR·ÁI̯O		*-ai*
	ÁS	*-as*
	ÁT	*-a*
	Ŭ́MUS	*-ons*
	ÁTIS	*-ez/-eiz* (< ÉTIS)
	ÁUNT	*-ont*

Bei der Grammatikalisierung spielt außer der Analogie vor allem das Darmesteter'sche Gesetz (**19.1**) eine wichtige Rolle.

(1) Besondere Formen aus I:

R'R : DŪRAR·ÁIO > *durerai/durrai*
PLŌRAR·ÁIO > *plorrai*

N'R : DŌNAR·ÁIO > *donrai/dorrai*
MĪNAR·ÁIO > *merrai*

isoliert : ÌN·VÌA·R·ÁIO > *enveerai/enveierai* (Roland)
enverrai

pikard.: MÒNSTRAR·ÁIO > *mosterrai*
ÌNTRAR·ÁIO > *enterrai*
*TRŎPAR·ÁIO > *troverrai*

(2) Formen aus IV:

*ŎFFERIR·ÁIO > *ofrerai* (mit *-e-* als Stützvokal)
COŎPERIR·ÁIO > *covrerai/coverrai*
SŬFFERIR·ÁIO > *sofrerai*

(3) Formen aus II—III:

Labiale: BĬBER·ÁIO > *bevrai/buvrai* (mit labialisiertem *e*)
DÈBER·ÁIO > *devrai* HÀBER·ÁIO > *avrai*
MŎVER·ÁIO > *movrai* SÀPER·ÁIO > *savrai*
VÌVER·ÁIO > *vivrai*
SĔQUER·ÁIO > *sevrai, sivrai*

Dentale: ÀUDĪR·ÁIO > *o(r)rai* CÀDER·ÁIO > *cherrai*
Und entsprechend: CLÀUDĔRE, CRÉDĔRE, *GAUDÍRE, PŎTÉRE, SEDÉRE, VĪDÉRE.
MĬTTER·ÁIO > *mettrai* PĔRDER·ÁIO > *perdrai*
VĔNDER·ÁIO > *vendrai*

S'R : CÒ(N)S(U)ER·ÁIO > *cosrai, cosdrai*

Palatale: TÀCER·ÁIO > *tairai* PLÀCER·ÁIO > *plairai*

Und entsprechend: LŪCÉRE, NŎCÉRE; DŪCĔRE, TRÀHĔRE, DÍCĔRE (**26.3**); LĔGER·ÁIO > **leierai* → *lirai* (mit starkem Stamm)
VÌNCER·ÁIO > *veintrai*, wie *tortrai*
PLÀNGER·ÁIO > *plaindrai*, wie *fendrai, ceindrai, joindrai*
SŬRGER·ÁIO > *sordrai*
NÀSCER·ÁIO > *naistrai*, wie *conoistrai, creistrai, paistrai*

Ĕ̀XĪR·ÁIO > *eistrai/istrai* (mit starkem Stamm)
issirai (analog zum Inf.)

L'R : VÀLER·ÁIO > *valdrai, vaudrai*
VŎ̀LER·ÁIO > *voldrai*
BŬ̀LLIR·ÁIO > *boldrai*
CŎ̀LL(I)GER·ÁIO > *cueudrai/cuildrai*
*FÀLLIR·ÁT > *faldra, faudra*

R'R : CŬ̀RRER·ÁIO > *corrai* MŎ̀RIR·ÁIO > *morrai*

N'R : VĔ̀NIR·ÁIO > *vendrai, viendrai,* und entsprechend TĔ̀NIR·ÁIO
MÀNER·ÁIO > *mandrai*
*CRĔ̀MER·ÁIO > **crembrai* → *creindrai, craindrai*

Isoliert : (ES)SER·ÁIO > *serai/estrai* < Ĭ·STAR·ÁIO
FACĔRE → FARE : FAR·ÁIO > *ferai*
IRE : ĪR·ÁIO > *irai*

Der in diesen Formen verbreitet auftretende Stützkonsonant (**32.1**) fehlt charakteristischerweise im Pikardischen.

42.3 Der Konditional: Der Konditional ist in seiner Grammatikalisierung, d. h. morphologisch, und z. T. auch funktional eine Vergangenheit des Futurs. Ebenfalls funktional ist er andererseits auch mit dem Imperfekt des Konjunktivs verbunden, mit dem er in bestimmten Kombinationen austauschbar ist. Syntaktisch gesehen wäre in diesem Zusammenhang auch die Organisation der hypothetischen Periode (irrealer Bedingungssatz) im Altfranzösischen zu besprechen.

Analog zum Futur ist das Bildungsschema des Konditionals das folgende:

CANTARE HABEBAM → CÀNTAR·ÉA(M) > *-eie* (**36.3**)

Auch die durch den phonologischen Kontext bedingten morphologischen Besonderheiten sind dieselben wie im Futur.

Nominale Formen und Pronomina

43. Zur Morphologie im Nominalkomplex

Im Hinblick auf die Eigenheiten des Romanischen im Verhältnis zum Latein spricht man im vorliegenden Zusammenhang traditionell vom Zerfall des lateinischen Deklinationssystems. Gemeint sind damit zwei Dinge:

(1) Gegenüberstellung einer vorwiegend desinentiellen bzw. postpositionellen Deklination mit „Endungen" mit einer präpositionellen (mit Hilfe von vorgestellten Partikeln operierenden) Art von Deklination. Die Kasus sind typologisch wie Postpositionen zu betrachten, die bei der Umstrukturierung zum Romanischen nach und nach verschwinden. Neu ist dabei u. a. das Auftreten des Artikels (**43.8**).
Mit *-s* als flexionellem Morphem (**33.2**) besitzt das Altfranzösische jedoch noch eine Zweikasusflexion, die den Nominativ (cas-sujet als Subjektskasus) den obliquen Kasus (cas-régime) gegenüberstellt (Kasusopposition). In beiden Kasus findet sich außerdem die Gegenüberstellung von Singular und Plural (Numerusopposition).

(2) Umverteilung des Wortmaterials. Von den fünf Deklinationsklassen des Lateinischen bleiben im Romanischen noch deren drei, auf die das Wortmaterial z. T. neu verteilt wird. Mit den Substantiven gehen auch die morphologisch entsprechenden Adjektive. Innerhalb der Subkategorien ist vor allem die Reduktion der Genera von drei (m. f. n.) auf zwei (m. f.) zu bemerken.

Wir unterscheiden im folgenden drei Klassen:

I vom Typ TERRA f. (**43.2**)

II vom Typ MURUS m. (**43.3**)

III vom Typ *FLORIS f. bzw. *PONTIS m. (**43.4**)

Betrachtet man die für diese drei Klassen geltenden Schemen, wie wir sie nachstehend zusammengefaßt haben (**43.2—5**), dann zeigt es sich, daß die Zweikasusflexion den Nominativ des Singulars als Subjektskasus morphologisch markiert. Mit dieser Regulierung entsteht ein Konflikt mit den Regularitäten der Numerusopposition, in deren Paradigma der Plural als markierte Form herausgestellt wird. In dieser Situation —

und, wie man traditionell sagt, aufgrund der relativen Häufigkeit der Formen im Objektskasus, phonologisch außerdem bedingt durch das Verstummen des *s* — verliert sich die morphologische Kasusopposition zu Gunsten des jeweiligen Obliquus. Das ist die Voraussetzung für die syntaktische Markierung der Kasusopposition durch Positionsregeln, d. h. zur sog. festen Wortstellung des Neufranzösischen.

Es wäre eine Frage der Morphosyntax, die Regularitäten des Altfranzösischen im einzelnen darzustellen. Wir notieren hier einige Punkte:

(1) Der Casus rectus ist auch Vokativ: afrz. *filz*, nfrz. *fils*

(2) Neben *de* erscheint für die Bezeichnung des Besitzes bei Personen auch *à*: *qui fille au chevalier estoit.*

(3) Es gibt einen cas régime absolu (sog. génitif français): *la Dieu merci, le Carlon messager, entre les bras sa feme.* (Vgl. nfrz. *l'Hôtel Dieu, l'Eglise Notre-Dame*). Bemerkenswert ist dabei, daß im Altfranzösischen das Attribut sozusagen „lateinisch" voran stehen kann.

(4) Es gibt halbgelehrte (klerikale) Formen des Genitivs: *tens ancienur* (Alexius), *terre francur, paienur* (Roland).

(5) Alte Ablative: HÁ(C)·HORĀ > *ore* (**6.1**), HO(C)·ÀNNO > *oan,* LŎCO > *lues* (mit adverbialem *-s*, **26.3**).

(6) Lokative bei Ortsnamen: ÁQUIS > *Aix,* ÀNDECÁVIS > *Angiers,* BŬRDIGÁLIS > *Bordeaux,* PARÍSIIS > *Paris.*

43.1 Die Umgliederung in der vierten und fünften Deklination: Die Nomina der vierten Deklination (m. f. n.) mit -U- gehen in der Regel nach II (m.).

m.	CÁNTU > *chant*	FRŬCTU > *fruit*
	PŎRTU > *port*	LÁCU > *lai*
	CŬRSU > *cors*	GRÁDU > *gré*

vers < VĔRSU ist ein halbgelehrtes, wohl über das kirchliche Latein vermitteltes Wort.

f. → m.	PŎRTICU > *porche*	
n. → m.	GĔLU > *giel*	CŎRNU > *corn, cor*
	GENU → GENŬCŬLUM	CŎRNUA > (**43.2**)

Isoliert: FÍCUS (**43.2**), MÁNUS (**43.4**)

Die Nomina der fünften Deklination (f.) mit -Ē- gehen nach I (f.). Anders eingrammatikalisiert ist REM (**33.4**); das Wort SPES ist im Galloromanischen nicht vertreten.

FĪ́DE > *fei, foi* RÁBIES → RÁ(B)BIA > *rage* (**30.2**)
FÁCIES → FÁ(C)CIA > *face* (**30.3**)
GLÁCIES → GLÁ(C)CIA > *glace*

DĪ́ES m./f. > *di* m. : IŎ́VIS·DĪ́EM > *juesdi*
→ DĪ́A > *die* f. : DĬ́A·DOMĪ́NICA > *diemanche*

43.2 Die erste Deklination des Altfranzösischen: Die Klasse I der altfranzösischen Deklination beruht morphologisch auf der 1. Deklination des Lateins. Das Paradigma stellt sich schematisch wie folgt dar:

(1) | TERRA : *TERRAS | Nominativ Sg. : Pl. (**21.1**)

Schema: TĔ́RRA > *terre* : TĔ́RRAE → -AS > *terres*
TĔ́RRA(M) > *terre* : TĔ́RRAS > *terres*

Das Morphem -AS statt -AE ist im Nominativ Plural spätlateinisch vom Westen bis in den Balkan belegbar; es ist ursprünglich nicht lateinisch-römisch, sondern umbrisch-oskisch.

I n v e n t a r von I im Verhältnis zum Latein:

— Feminina der 1. Deklination.

Isoliert: PŎÉTA > *poete* (Buchwort)
SCRĪ́BA → mlt. *scribánus* > *escrivain*

— Als Kollektiva aufgefaßte Neutra der 2., 3. und 4. Deklination des Lateins. Als Beispiele:

FŎ́LIU (> *fueil*) → FŎ́LIA > *fueille*
LÁBRU(M) → LÁBRA (Dual) > *levre*
PṒMU(M) (> *pum* pik.) → PṒMA > *pome*
(mit -Ā́RIU für Bäume)
TĔ́MPUS, -ŎRA → *TĔ́MPŬLA > *temple* „Schläfe"
CŎ́RN(U)A > *corne* (**43.1**)
FĪ́CUS → FĪ́CA > *fie* (als Frucht)

— Nominative der 5. Deklination (**43.1**)

— Feminina auf -ER der 3. Deklination:

MÁTER : *mere, mere* : *meres, meres*

MULIĚRE (**2.2**)

PŬLVIS → -ERE(M) : *poldre, poldre* : *poldres, poldres*
Isoliert: CÁRCER m. > *chartre* f.

(2) Dieses Muster gilt in gleicher Weise für die entsprechenden Adjektive, also hier z. B. BŎNA, *DŬLCIA; TĔNERA, ÁLTERA. -*s* im Singular des Rectus erscheint gelegentlich in Analogie zu den Masculina. Das Paradigma lautet:

nach TĔRRA : *bone, bone* : *bones, bones*

nach MÁTER : *altre, altre* : *altres, altres*

43.3 Die zweite Deklination des Altfranzösischen: Die Klasse II der altfranzösischen Deklination beruht morphologisch auf der 2. Deklination des Lateins. Das Paradigma stellt sich schematisch wie folgt dar:

(1) | MŪRUS : MŪRĪ | Nominativ Sg. : Pl. (**21.1**)

Schema: MŪRUS > *murs* : MŪRĪ > *mur*
MŪRU(M) > *mur* : MŪROS > *murs*

Charakteristisch für das Paradigma ist das -*s* des Nominativs im Singular. Es lautet dem Kontext entsprechend auch -*z* (**33.2**). Das -Ī des Plurals wirkt nicht umlautend (**10.1**). (Vgl. dazu *DŬĪ > *dui* (**10.2**), DŬOS, DŬAS > *dous* (**31.1**), und die Zusammensetzungen mit AMBO, -AE → *AMBĪ, -AS > *andui, andous; ambesdous*).

Inventar von II im Verhältnis zum Latein:

— Maskulina auf -US der 2. Deklination.

— Neutra der 2. Deklination:

VĪNU(M) > *vins*

— Substantive der 4. Deklination (**43.1**):

FRŬCTUS : *fruiz, fruit* : *fruit, fruiz*

— Lehnwörter und substantivierte Verben:

helmes, helme : *helme, helmes*
plorers, plorer

(2) Die Maskulina auf -ER der 2. und 3. lateinischen Deklination bilden den Nominativ Singular ohne *-s*.

PÁTER : *PÁTRĪ	Nominativ Sg. : Pl.

Schema: PÁTER : *pere, pere* : *pere, peres*
MAGĪ́STER : *maistre, maistre* : *maistre, maistres*

(3) Das Paradigma der A d j e k t i v e lautet demnach den beiden Mustern entsprechend:

nach MŪ́RUS : *bons, bon* : *bon, bons*
nach PÁTER : *altre, altre* : *altre, altres*

43.4 Die dritte Deklination des Altfranzösischen: Die Klasse III bildet ein autonomes System, das zwar auf der 3. lateinischen Deklination aufbaut, morphologisch jedoch in Analogie zu I und II umgestaltet ist. Es gibt Feminina (1) und Maskulina (3). Charakteristisch ist, daß die ungleichsilbigen Formen (Imparisyllaba) — außer bei solchen, die Personen bezeichnen — ausgeglichen werden.

(1)

*FLṒRIS : FLṒRES	Nominativ Sg. : Pl.

Schema: FLṒRIS > *flours* : FLṒRES > *flours*
FLṒRE(M) > *flour* : FLṒRES > *flours*

I n v e n t a r der Feminina von III im Verhältnis zum Latein:

— Feminina der 3. Deklination:

NÁVIS : *nes, nef* : *nes, nes*

— Eingrammatikalisierte Formen aus der 3. Deklination:

AMṒR : *amours* FṒRFEX, -Ī́CES > *forces*
BÒNITÁTE : *bontez*

— Das Wort MANUS: *mains, main* : *mains, mains*

— Die einschlägigen Feminina aus der 4. Deklination (**43.1**)

(2) Das Paradigma der A d j e k t i v e nach FLŌRIS lautet demnach wie folgt:

granz, grant : *granz, granz* (f.)

(3) | *PŎNTIS : *PŎNTĪ | Nominativ Sg. : Pl.

Schema: *PŎNTIS > *ponz* : *PŎNTĪ > *pont*
PŎNTE(M) > *pont* : PŎNTES > *ponz*

I n v e n t a r der Maskulina von III im Verhältnis zum Latein:

— Maskulina der 3. Deklination:

CÁNIS : *chiens, chien* : *chien, chiens*
PARIĔTE (2.2) : *pareiz, pareit*
PĔS, PĔDE(M) : *piez, piet* : *piet, piez*
SÁNGUIS, *SÁNGUE(M) : *sans, sanc*

— Neutra der 3. Deklination:

CÁPUT → CÁPUS (**33.2**) : *chies, chief*
NŌME(N) : *nons, nom*
CŎR : *cuers, cuer* MĔL : *mieus, miel* (**33.4**)

— Neutra der 4. Deklination:

CŎRNU (**43.1**) : *corz, cor*

(4) Das Paradigma der A d j e k t i v e nach *PŎNTIS lautet demnach wie folgt:

granz, grant : *grant, granz* (m.)

43.5 Die ungleichsilbigen Formen aus III: Die Imparisyllaba von III lassen sich in sieben Gruppen einteilen. Für alle diese Gruppen charakteristisch ist die Sonderform des Nominativ Singulars im Rahmen der Kasusopposition (**43.0**); sie geht auf die Stellung des Wortakzents im Lateinischen zurück (**16.2**): Bei den Substantiven handelt es sich ausschließlich um solche, die Personen bezeichnen; die Adjektive stellen den Restbestand des synthetischen Komparativs. Die einschlägigen Fälle sind die folgenden:

(1) Maskuslina auf -ŌR, -ŌRE(M), und zwar nach folgendem Schema:

SĔ(N)IOR (**22.1**) > *sire* : *SENIŌRĪ > *seignour*
SENIŌRE(M) > *seignour* : SENIŌRES > *seignours*

Ebenso:

ÀNTECÉSSOR : *ancestre, ancessour*

PÁSTOR : *pastre, pastour*

*TRÁDITOR : *traitre, traitour*

(2) Maskulina auf -ÁTOR, -ATŐRE(M):

ÌMPERÁTOR > *empere(d)re* : -ŐRĪ > *empereour*

ÌMPERATÒRE(M) > *empereour* : -ŐRES > *empereours*

Ebenso:

PÈCCÁTOR : *pechiere, pecheour*

PÌSCÁTOR : *peschiere, pescheour*

(3) Eine heterogene Gruppe bilden die folgenden Substantive:

HŐMO : *on/uem, ome* : *ome, omes*

CŐMES : *cuens, conte* : *conte, contes*

NĔ́POS : *nies, nevou(t)* : *nevou, nevouz*

ÍNFANS : *enfes, enfant* : *enfant, enfanz*

PRĔ́SBYTER: *prestre, provei(d)re* : *proveire, proveires*

Isoliert (f.):

SŐROR (**16.2**) : *suer, sorour/serour* : *serours, serours*

(4) Maskulina auf -O, -ŐNE(M), und zwar nach dem folgenden Schema:

LÁTRO > *le(d)re* : *LATRŐNĪ > *larron*

LATRŐNE(M) > *larron* : LATRŐNES > *larrons*

Ebenso:

GLŬ́TTO > *glot, gloton*

CUMPÁNIO > *copain, compagnion*

(5) An die Deklination auf -O, -ŐNE(M) schließt sich die schwache germanische Deklination des Typs *Húgo, Húgon* an. Dies geschieht nach dem folgenden Muster:

Húgo ~ *Uc* : Húgon ~ -ŐNE(M) > *Huon*

Dazu:

*baro (germ.) : *ber(s), baron* : *baron, barons*

*fillo (anfrk.) : *fel, felon*

*wrakkjo (anfrk.) : *garz, garçon* : *garçon, garçons*

(6) Analogische Deklination einiger Feminina:

ÁMITA > *ante* : *AMITÁNES > *antains*
*AMITÁNE(M) > *antain* : *AMITÁNES > *antains*

Ebenso:

ATÁ(V)IA : *taie, taiien* : *taiiens, taiiens* (**30.2**)
NḖPTIA : *niece, necien* : *neciens, neciens*
PŬ́TĬDA : *pute, putain* : *putains, putains*

Ferner:

NṓNA : *none, nonain*

(7) Restformen der synthetischen Komparation. Man beachte im folgenden Schema die Unterscheidung von m. f. im Plural:

Sg.	Pl.	
MḖLIOR > *mieildre*	MELIṓRĪ m.	MELIṓRES f.
MELIṓRE(M) > *meillour*	MELIṓRES m.	MELIṓRES f.

Ferner:

PḖIOR, PEIṓRE : *pire, peiour*
GRÁNDIOR, -ṒRE(M) : *graindre, graignour*

Vorfranzisch: BÈLLATIṒRE(M) > *bellezour* (Eulalia).

43.6 Nicht deklinierbare Formen: Indeklinabilien beruhen auf dem phonologischen Kontext. Es ergeben sich drei Fälle:

(1) Stammauslaut auf -s:

NÁSU > *nes* ŬRSU > *ors*
MḖ(N)SE > *meis* (**26.2**)

(2) Stammauslaut auf -C, -C$^+$i̯/-T$^+$i̯:

CRŬ́CE > *croiz* (**26.3**)
BRÁCHIU > *braz* TḖRTIU > *tierz*
PALÁTIU > palais (**30.3**)

(3) Neutra aus III:

PḖCTUS > *piz* (**12.2**) TḖMPUS > *tens*
ṒPUS > *ues* CṒRPUS > *cors*

43.7 Zusätzliche Bemerkungen zum Adjektiv: Nach der vorhergehenden Darstellung geht die Morphologie der Adjektive mit derjenigen der Substantive parallel. Einige besondere Punkte sind jedoch nachzutragen.

(1) Eingrammatikalisierte Formen des Typs TALIS, QUALIS:

Sg.	Pl.
QUÁLIS > *quels* (m. f.)	*QUÁLĪ > *quel* (m.)
	QUÁLES > *quels* (f.)
QUÁLE(M) > *quel (m. f. n.)*	QUÁLES > *quels* (m. f.)

Die Formen *tele, quele* (f.) sind analogisch.

(2) An die Stelle der synthetischen Komparation, auf deren Relikte wir oben hingewiesen haben (**43.5**), tritt im Französischen die analytische Komparation nicht mit MAGIS, wie im Lateinischen, sondern mit PLŪS.

(3) E l a t i v : Neben einigen halbgelehrten Formen auf -ĬSSĬMU, also z. B. FORTĬSSĬMUS > *fortismes,* gibt es im Altfranzösischen eine Reihe von „formes figées". Als Beispiele:

MÁXĬMUS > *maismes* MĬNĬMUS > *mermes*
PRŎXĬMUS > *pruismes*

(4) Zur Syntagmatik: Die selteneren Elative des Typs PERMAGNUS erscheinen im Altfranzösischen in ihrer syntaktischen Anordnung noch „lateinisch", gleichzeitig aber — der analytischen Mentalität des Romanischen entsprechend — disjunkt: *par est granz.*

43.8 Der Artikel: Die Morphologie des Artikels ergibt sich aus den oben (in der Phonologie) zitierten einschlägigen Formen. Sie stützt sich auf die Deklinationen I und II. Das Paradigma sieht demnach folgendermaßen aus:

m.	
*(ĬL)LĪ > *li* (**10.1**)	(ĬL)LĪ > *li*
(ĬL)LU(M) } > *lo, le* (ĬL)LUD (33.2) }	(ĬL)LOS > *les*

f.

(ĬL)LA > *la* (22.2)	*(ĬL)LAS > *les*
(ĬL)LA(M) > *la*	*(ĬL)LAS > *les*

Zur Begründung der aphäretischen Formen dienen die folgenden phonosyntaktischen Kombinationen (nach **19.1**):

(1) VĬDET ILLU PÁTRE(M) : **vedet lu pedre*

(2) QUĬ ILLU VĬDET : **qui lu vedet* Pronomen (**45.1**)
SĬC ILLOS VĬDET : **si los vedet*

Zur Satzphonetik außerdem **22.2**

Die materielle Basis des Artikels ist demonstrativisch (nach **45.2**) und zwar deshalb, weil sich dieser Demonstrativ individualisierend auf etwas Bekanntes oder im Text bereits Erwähntes bezieht. (Dieser sog. anaphorische Gebrauch ist schon spätlateinisch belegbar).

44. Die Adverbialbildung

Im Altfranzösischen finden sich zwei Arten von Adverbialbildungen. Die eine ist konservativ und besteht aus Reliktformen des Lateins. Die andere ist innovatorisch und bringt eine morphologische Unterscheidung von Adjektiv und Adverb, die es im Lateinischen noch nicht gab.

44.1 Restformen der lateinischen Morphologie: Die in diesem Bereich anstehenden Formen sind im Grunde flexionelle Formen. Ihr Verschwinden läuft mit demjenigen der Deklination parallel, ist jedoch auch hier phonologischen Bedingungen unterworfen.

(1) Adverbien auf -E:

BĔNE > *bien*	TÁRDE > *tart*
MÁNE > *main*	LŎNGE > *loin*
MÁLE > *mal* (**22.1**)	
	ROMÁNĬCE > *romanz*

(2) Adverbien auf -Ō: SĒRO > *soir* (substantiviert)

(3) Neutra des Adjektivs, in adverbialer Funktion kaum belegbar.
Als Beispiel: *uelt* (< ŎLET) *soëf, bon* (nfrz. *„cela sent ...“*).

(4) Lexikalisierte Fügungen im Ablativ: HÁ(C)·HŌRA > *or(e)*, (IL)LĀ·HŌRA > *lor(e)* (**6.1**); MÁLĀ·HŌRĀ > *mar*, BǑNĀ·HŌRĀ > *buer* (**22.1**) ĬLLŌ LǑCǪ > *iluec*.

(5) Unter den Adverbien auf -TER verzeichnet man isoliert SCIĔNTER, das syntagmatisch aufgelöst erscheint: *mien escientre, mon escient* (MĒ SCIĔNTE).

(6) Adverbien auf -S:

AD·SÁTIS > *assez*	ĬNTUS > *enz*
	FǑRIS > *fors*

Diese Formen bewirkten die analogische Übertragung des *-s* auf andere Adverbien (sog. adverbiales *s*, **33.2**). Als Beispiele:

HĀ(C)·HŌRĀ > *or(e), ores* SĔMPER > *sempres*

(7) Ansätze einer Adverbialbildung auf -AS:

*PRĪMAS > *primes*	*CĔRTAS > *certes*
	*LǑNGAS > *longes*

44.2 Die Adverbien auf -mente: Das Substantiv MENS, MENTIS wird im Ablativ zur Angabe der Art und Weise des im Verbalausdruck gegebenen Vorgangs zum Morphem umgewandelt. Seinem Genus entsprechend wird -MĔNTE an die feminine Form des Adjektivs suffigiert.

BǑNA·MĔNTE > *bonement*	BĔLLA·MĔNTE > *belement*
*FǑRTE·MĔNTE > *forment* (**28.3**)	

Ferner: *QUŌ·MĔNTE > *coment*

45. Die Pronomina

Wie im nominalen, so ist auch im pronominalen Bereich festzustellen, daß das Altfranzösische — auf der Grundlage des Lateins zum einen, im Rahmen des Romanischen zum anderen — über eine eigenständig entwickelte Morphologie verfügt. Diese wird im Neufranzösischen nochmals umgestaltet.

45.1 Die Personalpronomen: Im Altfranzösischen sind die Personalpronomen in Teilen des Paradigmas phonosyntaktisch variiert. Es gibt betonte und entsprechend unbetonte Formen. Von der Doppelung in der ersten Person des Singulars abgesehen sind die Nominative betont. Die genannte Variation liegt somit in den obliquen Kasus. Die Formen von ILLE (außer den Nominativen und dem betonten Akkusativ im Plural) und diejenigen von ILLORUM sind aphäretisch. Die unbetonten Formen des Akkusativs stimmen mit denjenigen des Artikels überein (**43.3**). Schematisch dargestellt sieht das Gesamtparadigma folgendermaßen aus:

(1) Singular:

1.	ĔGO > *gié/je*		ME > *mei/me*
2.	TŪ > *tu*		TE > *tei/te*
3. m.	*ĬLLĪ > *il*	(IL)LŬĪ > *lui*/(IL)LĪ > *li*	(IL)LU > *le*
			(IL)LUD > *le*
f.	ĬLLA > *ele*	(IL)LÁEĪ > *li*/(IL)LĪ > *li*	(IL)LA > *la*

(2) Plural:

1.	NŌS > *nos*		NŌS > *nos*
2.	VŌS > *vos*		VŌS > *vos*
3. m.	ĬLLĪ > *il*	(IL)LŌRU(M) > *lor*	ĬLLOS > *els/les*
f.	ĬLLAS > *eles*	(IL)LŌRU(M) > *lor*	ĬLLAS > *eles/les*

Als Kommentar zu diesem Schema kann folgendes gesagt werden:

ĔGO : Die akzentuell variierbare Form ist romanisch wohl *ĔO. Die Regulierung des Altfranzösischen, die von *i̧ó* ausgeht, läßt sich mit Reimen belegen, unbetont z. B. *criem ge* : *vienge*, betont *congié* : *ferai gié*.
Dialektformen des Nordens: *ieu*, *iu* und daraus *jou*, *ju*. Nasalierte Form des Normannischen: *gen*.

MĒ : Wie MĒ verhalten sich auch TĒ und das Reflexivum SĒ. Zu beachten ist funktionell die Konkurrenz von MIHI >*MĪ, und analog TĒ/*TĪ, SĒ/*SĪ.

NŌS : Diese Form tritt wie VỌ̄S betont und unbetont auf. Im Hinblick auf die Lautung des Vokals ist zu beachten, daß das -S im phonosyntaktischen Kontext die Silbe schließt (**9.1**, bzw. unbetont im Vorton **17.2**).

(ĬL)LE : Einige Formen von ĬLLE, d. h. *le*, *la*, *les*, können im Altfranzösischen als Determinative ("dieser") auftreten.

(ĬL)LĪ : Es gibt im Altfranzösischen also drei verschiedene *li*: Erstens (IL)LĪ > *li* m. f. unbetont; zweitens *li* < (IL)LÁEĪ f. betont; drittens *li* < *lui* m. betont, eine Reduktion von *lui* in der Funktion des betonten Akkusativs.
In das vorliegende Paradigma werden auch die Adverbien ĪNDE > *en* und ĬBI > *iv*, *i* (× HĪC) übernommen.

*ĬLLĪ : Zur Form von *ĬLLĪ der 3. Person des Singulars **10.1**. Der Einfluß des Relativums QUĪ setzt sich analogisch fort, und zwar mit CŪIUS/CÚĪ zu *ILLŪIUS/ILLÚĪ in der Funktion eines Dativ-Akkusativs. Dabei entsteht ein Parallelismus zum Femininum, d. h. *ILLAEIUS/ILLÁEĪ.

ILLṒRUM ist im Romanischen ursprünglich ein Genitiv-Dativ. Außer als Personalpronomen dient diese Form auch als Possessiv zur Angabe mehrerer Besitzer (**45.3**).

45.2 Die Demonstrativpronomen: Als Grundlage für das Romanische gilt das folgende dreidimensionale Schema des Lateinischen:

Determinativ : IS, IDEM, IPSE

Demonstrativ : HIC, ISTE, ILLE

Die Formen IS und IDEM sind verschwunden; HIC geht mit IBI (**45.1**). Auf diese Weise findet man im Altfranzösischen ein zweidimensionales System mit ILLE „dieser" und ISTE „jener". Von IPSE bleiben einige Restformen in feststehenden Fügungen: *en eis lore*, *en es le pas* „sogleich", NEC·ĬPSE > *neïs*, *MET·ĬPS·ĬMU > *meesme*, *meïsme*.

Eine charakteristische Innovation im Bereich der Demonstrative ist sodann die Verstärkung der lateinischen Formen mit Hilfe von ECCE. Dies geschieht nach dem folgenden Muster:

ECCE + *ĬLLĪ > *cil*, *icil*	ECCE + *ĬSTĪ > *cist*, *icist*
*ĬLLÚĪ > *celui*	*ĬSTÚĪ > *cestui*
*ĬLLÁEĪ > *celi*	*ĬSTÁEĪ > *cesti*
ĬLLU > *cel*	ĬSTU > *cest*
	ĬSTOS > *cez* (**33.2**)

Neutrum: ECCE·HŎC > *ceo*/*ce* (**33.3**), *iço*

Daraus ergibt sich folgendes Schema:

	m.		f.		n.
Nom.	*cil*	*cil*	*cele*	*celes*	*cel*
Dat.	*celui*	—	*celi*		
Akk.	*cel/celui*	*cels, ceus*	*cele/celi*	*celes*	*cel*
Nom.	*cist*	*cist*	*ceste*	*cestes*	*cest*
Dat.	*cestui*	—	*cesti*		
Akk.	*cest/cestui*	*cez*	*ceste/cesti*	*cestes/cez*	*cest*

Zu merken ist schließlich der Gebrauch von *cil* als sog. pronom de notoriété.

Näher zu untersuchen bleibt der *i*-Vorschlag, auf den wir hier nur andeutungsweise hingewiesen haben und der sich auch in anderen Bereichen findet (z. B. *tel/itel*).

45.3 Die Possessivpronomen: Als charakteristische Innovation im Bereich der Possessive erscheint die Unterscheidung zwischen betonten und unbetonten Formen. Wir unterscheiden im folgenden zwischen der Bezeichnung eines Besitzers und der Bezeichnung mehrerer Besitzer.

(1) Mit Hilfe der Belege aus den ältesten Texten läßt sich im Ansatz das folgende System der starken Formen ableiten:

MĔUS > *meos*	MĔA → *MĒA > *meie*
MEUM > *mieon, mien*	
MEI †	*MĒAS > *meies*
MEOS †	TŬA > *toue*
TŬUM > *tuen* (**6.1**)	

In Wirklichkeit ist das ganze Paradigma in Anlehnung an die Deklinationen I und II (**43.2, 3**) und aufgrund der Form *mien* umgestaltet worden. Es erscheint deshalb das folgende Schema:

m.		f.	
miens	*mien*	*meie*	*meies*
mien	*miens*	*meie*	*meies*

Dasselbe gilt für *tuens, toue* und *suens, soue.*

Als weitere analogische Form erscheint im Feminin bereits *mienne, miennes.*

Im Falle der u n b e t o n t e n F o r m e n ergibt sich das folgende Schema:

*MŬS > *mes*	*MI > *mi*		*MA > *ma*	*MAS > *mes*
*MŬM > *mon*	*MOS > *mes*		*MAM > *ma*	*MAS > *mes*

(2) Bei der Angabe mehrerer Besitzer, d. h. im Plural, ist die Unterscheidung zwischen starken und schwachen Formen aufgehoben. Das Paradigma lautet wie oben nach I und II:

nostre	*nostre*		*nostre*	*nostres/noz*
nostre	*noz/nostres*		*nostre*	*nostres/noz*

Dasselbe gilt für *vostre.* Zur Lautung von *noz* (m.) **33.2**. Als f. ist *noz* analogisch.

In der 3. Person erscheint (IL)LŌRUM > *lor*, unveränderlich.

45.4 Die Frage- und Relativpronomen: Wie schon im Lateinischen stimmen die Formen der hier angesprochenen Bereiche weitgehend überein. Die im Altfranzösischen neu grammatikalisierten Formen sind jedoch nur wenige. Sie sind wiederum nach der Betonung unterschieden. Als Grundlage für das Romanische gelten die folgenden Formen des Lateins:

Frage	:	QUĪ, CÚĪ, QUEM; QUĬD
Relativ	:	QUĪ, CÚĪ, QUEM

Diese Formen lassen sich altfranzösisch im folgenden Schema zusammenfassen:

	m. f.		n.	
	stark	schwach	stark	schwach
Nom.	*qui*	*qui*	*quei*	*que*
Dat.	*cui*			
Akk.	*cui*	*que*		

Die Form *cui* wird noch in altfranzösischer Zeit zu *qui.*

Die Formen von QUALIS richten sich nach der Deklination der Klassen I und II (**43.7**); in pronominaler Funktion erhalten sie den Artikel (*li quels* usw.) Dieselbe Morphologie gilt auch für die Vertreter von *TŎT-TUS, nämlich:

m.		f.	
toz	*tuit* (**10.2**)	*tote*	*totes*
tot	*toz*	*tote*	*totes*

Register

Die beiden folgenden Verzeichnisse mit den Verweisen auf die einschlägigen Formen des Altfranzösischen und auf die lateinischen Etyma wurden bearbeitet von Barbara Schäfer.

Alle Ziffern beziehen sich auf die Seiten.

Verzeichnis der altfranzösischen Formen

Die altfranzösischen Formen sind typisiert und erscheinen gewöhnlich im jeweils „älteren“ Lautstand. Die Verben sind durchweg morphologisch indiziert, die übrigen Formen nur von Fall zu Fall. Von starken Abweichungen abgesehen ist für die Nomina der Obliquus maßgeblich.

Verzeichnis der lateinischen Etyma

Die lateinischen Etyma sind in ihrer Form möglichst „klassisch" gehalten. Formen und Konstrukte des „Vulgärlateins" wurden als solche belassen und auch nicht mit Sternchen versehen.